1963
1964
1965
1966
1967
1968
1969
1970
1971
1972
1973
1974
1975
1976
1977
1978
1979
1980
1981
1982
1983
1984
1985
1986
1987

1988
1989
1990
1991
1992
1993
1994
1995
1996
1997
1998
1999
2000
2001
2002
2003
2004
2005
2006
2007
2008
2009
2010
2011
2012
2013

TIM JÜRGENS

50 JAHRE BUNDESLIGA
DIE GESCHICHTE IN BILDERN

DELIUS KLASING VERLAG

INHALT

1	Magische Momente.	8
2	Die Bundesliga. Eine Idee macht Geschichte.	38
3	Schlacht am Salatbüffet. Die Parade der Meister.	48
4	Für die Ewigkeit. Galerie der Rekordhalter.	68
5	Foul! Die dahin gehen, wo's wehtut.	78
6	Einer gegen alle. Die großen Duelle.	88
7	Mit dem Rechenschieber. Galerie der Bundesligamanager.	102
8	Unab- und absteigbar. Kellerkinder und graue Mäuse.	108
9	Zuchtmeister, Feuerwehrmann, Kumpeltyp. Metamorphosen in der Trainergilde.	116
10	Vom anderen Stern. Die besten Spiele der ersten 50 Jahre.	136
11	Vom Proleten zum Popstar. Der Bundesligaprofi, eine Stilkritik.	152
12	Mittendrin, statt nur dabei. Schräge Vögel und echte Typen.	176
13	Lolek, Bolek und die Bananenflanke. Geniale Kollaborateure.	186
14	Bunte Liga. Die spektakulärsten Legionäre.	194
15	Gekauftes Glück, verlorene Träume. Die großen Skandale.	206
16	Schein und Sein. Die Liga der Sonnenkönige.	216
17	Das dicke Ende. Die spannendsten Saisonfinals.	226

»Die Bundesliga ist der die Menschen in mechanisierten Welt wo sonst dürfen sie und schreien und letzte Freiraum, den unserer beengten, noch haben. Denn samstags noch toben ungestraft Arschloch sagen?«

ULI HOENESS

MAGISCHE MOMENTE.

Die Bundesliga bewegt die Menschen seit Generationen. Aber nicht allein das Geschehen auf dem Rasen fasziniert, oft sind es vermeintliche Nebensächlichkeiten, die den Zuschauer begeistern. Willkommen im Pantheon der großen Emotionen.

Saison 1964/65

VOLKSNAHER AUFGALOPP
Wie ein Rennpferd begutachten die ankommenden Besucher des Nürnberger Frankenstadions den »Club«-Kapitän Heinz Strehl, der sich für das Heimspiel gegen den Karlsruher SC warm macht. Noch ahnt niemand, dass es in der Bundesliga eines Tages komfortable Stadionkatakomben geben wird, in denen sich die Profis vollkommen unbehelligt von ihren Anhängern auf ein Match vorbereiten können. Strehl muss für sein Aufwärmprogramm noch auf den angrenzenden Stadionparkplatz, um zwischen diversen Volkswagen-Modellen ein paar Dropkicks zu üben. Ob dabei auch ein Autofenster zerdeppert wurde, ist nicht überliefert.

Saison 1969/70

»Das sind Gefühle, wo man schwer beschreiben kann.«

JÜRGEN KLINSMANN

DEN ERSTEN BEISSEN DIE HUNDE
Am letzten Spieltag der Saison hält es einen Gladbacher Fan nicht mehr auf seinem Platz. Nach dem 3:4-Auswärtssieg im Derby gegen Rot-Weiß Oberhausen wird Borussia Mönchengladbach das erste Mal in seiner Geschichte Bundesligameister. Ulrik le Fevre ist kurz vor dem Ende der Siegtreffer gelungen, dabei steht Gladbach bereits vor dem Match als Meister fest. Einer Oberhausener Ordnungskraft ist der Triumph der Borussia jedoch relativ schnuppe. Mit seinem Hund jagt er den euphorisierten Zuschauer zurück auf die Aschenbahn des Niederrhein-Stadions und sorgt auf diese Weise für einen geregelten Ablauf des Spielgeschehens.

Saison 1982/83

DIE GEFAHR LAUERT LINKS
Der Kölner Torwart Toni Schumacher nutzt einen unbeobachteten Moment und bedankt sich auf seine Art bei Mildred Scheel für ihre Tätigkeit als Präsidentin der Deutschen Krebshilfe. Soeben hat der Münchner Karl-Heinz Rummenigge der Ärztin einen Scheck über 14 000 Mark für die Gesundheitsorganisation überreicht. Das Geld haben Rummenigge und sein Teamkollege Paul Breitner durch den Verkauf eines Kalenders erlöst. Schumacher will wohl nicht mit leeren Händen dastehen und bringt seine Anerkennung für Scheels Arbeit auf rheinische Weise zum Ausdruck. Am Ende machen sich Schumacher und seine Kölner dann selbst noch ein Geschenk – und schicken den FC Bayern mit 0:2 nach Hause.

Saison 1969/70

»Was soll ich mit einem Gewichtheber?«

BAYERN-COACH »TSCHIK« ČAJKOVSKI
BEGRÜSST GERD MÜLLER BEIM FC BAYERN

DRECKIGES DERBY
Auf modrigem Geläuf treffen sich Bayern-Bomber Gerd Müller und der 1860-Mittelfeldmotor Željko Perušić zum vorerst letzten Punktspiel der beiden Ortsrivalen im Stadion an der Grünwalder Straße. Die »Löwen«, die vier Jahre zuvor noch Meister geworden sind, steigen am Ende der Saison aus der Bundesliga ab. Die Bayern scheitern nur knapp im Kampf um den Titel. Dennoch wehren sich die Blauen mit Händen und Füßen gegen das drohende Schicksal. Im Lokalderby am 26. Spieltag gelingt ihnen sogar ein 2:1-Sieg, das entscheidende Tor erzielt ihr neuer Stürmerstar Klaus Fischer (nicht im Bild), der später in der ewigen Torschützenliste der Liga Platz zwei hinter eben jenem Gerd Müller belegen wird.

Saison 1963/64 　　　　　　　　　　　　　　　　　　　　　　　　Saison 1980/81

BISS ZUM BITTEREN ENDE
Jedes Mittel ist der Bayern-Defensive recht, um den Bochumer Angreifer Jochen Abel von seinem Versuch abzubringen, im Münchner Olympiastadion den Ball über die Linie des Gegners zu stochern. Verteidiger Udo Horsmann grätscht dem VfL-Stürmer beherzt in die Beine, während sich Keeper Walter Junghans sogar als Wadenbeißer betätigt. Die kratzbürstigen Bemühungen haben Erfolg. Der VfL Bochum verliert das Ligaspiel vor gerade einmal 8000 Zuschauern im weiten Rund des Olympiastadions im kühlen Oktober 1980 schmucklos mit 3:1.

GLÜCK AUF, LAND UNTER
Die Glückaufkampfbahn in Gelsenkirchen freut sich auf den Start in die Bundesliga. Noch können die Fans des FC Schalke 04 nicht wissen, dass ihr Club in den nächsten 50 Jahren vergeblich auf einen Meistertitel warten wird. Trotzdem ist aufgrund der hohen Eintrittspreise und des regnerischen Wetters das Saisonauftaktspiel der Königsblauen gegen den VfB Stuttgart nicht vollständig ausverkauft. Mehr als 4000 Plätze bleiben am ersten Spieltag in der historischen Spielstätte frei. Die Knappen lassen sich bei ihrer Bundesligapremiere davon jedoch nicht aus dem Konzept bringen. Schalke 04 besiegt den Gast aus Schwaben souverän mit 2:0.

Saison 1963/64

DU STEHST MIR VOR DER LINSE

Ein Kameramann der »Sportschau« hat sein Arbeitsgerät auf einer Europalette abgestellt, um die Zuschauer im Saarbrücker Ludwigspark zu filmen. 35 000 Zuschauer sind gekommen, um das Heimspiel des 1. FC Saarbrücken gegen den 1. FC Köln zu verfolgen. Zur Gründung der neuen Spielklasse verändert die ARD-Sendung ihren Ausstrahlungstermin: Die »Sportschau« läuft nicht mehr nur sonntags, sondern auch im Vorabendprogramm am Samstag. Die technischen Möglichkeiten lassen noch nicht zu, dass die Spiele direkt im Stadion aufgezeichnet und von dort aus auch übertragen werden. Das Filmmaterial wird nach Spielende auf Motorrädern ins nächstgelegene Sendezentrum transportiert und von dort in die Wohnstuben ausgestrahlt.

Saison 1991/92

SPANNKRAFT BIS IN DIE SPITZEN
Die Mittelfeldachse des FC Bayern überlässt auch im Training nichts dem Zufall. In den 1990er-Jahren avancieren Profis zunehmend zu Popstars. Stefan Effenberg und Michael Sternkopf sind sich ihres Status vollauf bewusst und präsentieren sich an der Säbener Straße in blitzenden Trikots und mit standesgemäßen Haarsprayfrisuren. Es ist die Hochzeit der Vokuhila-Mode, doch während woanders den Spielern das Haupthaar nur freudlos nach unten hängt, beweisen die Kicker des Rekordmeisters einen Sinn für Details, indem sie die eigenwillige Mode noch durch eifriges Toupieren und Festigen verfeinern. Der Betrachter hat jedenfalls keinen Zweifel: Hier liegt jede Strähne richtig.

Saison 1963/64

THE BOSS IS BACK!
Beim Trainingsauftakt des Meidericher SV herrscht Hochbetrieb. Den Duisburgern ist ein dicker Fisch ins Netz gegangen: Weltmeister Helmut Rahn kehrt nach einem dreijährigen Gastspiel beim Sportclub Enschede zurück ins Ruhrgebiet. Entgegen sonstigen Gepflogenheiten präsentiert sich der »Boss« ausnahmsweise als Trainingsfleißigster. Der 34-Jährige gilt als Topstar der neuen Spielklasse, kann die Erwartungen aber nicht erfüllen. In der ersten Saison spielt er nur 18-mal für den MSV und erzielt sieben Treffer. In die Geschichte der Liga geht er trotzdem ein: Weil er am 4. Spieltag nach einer Tätlichkeit im Match gegen Hertha BSC als erster Profi des Feldes verwiesen wird.

»Ich bin der Boss!«
HELMUT RAHN

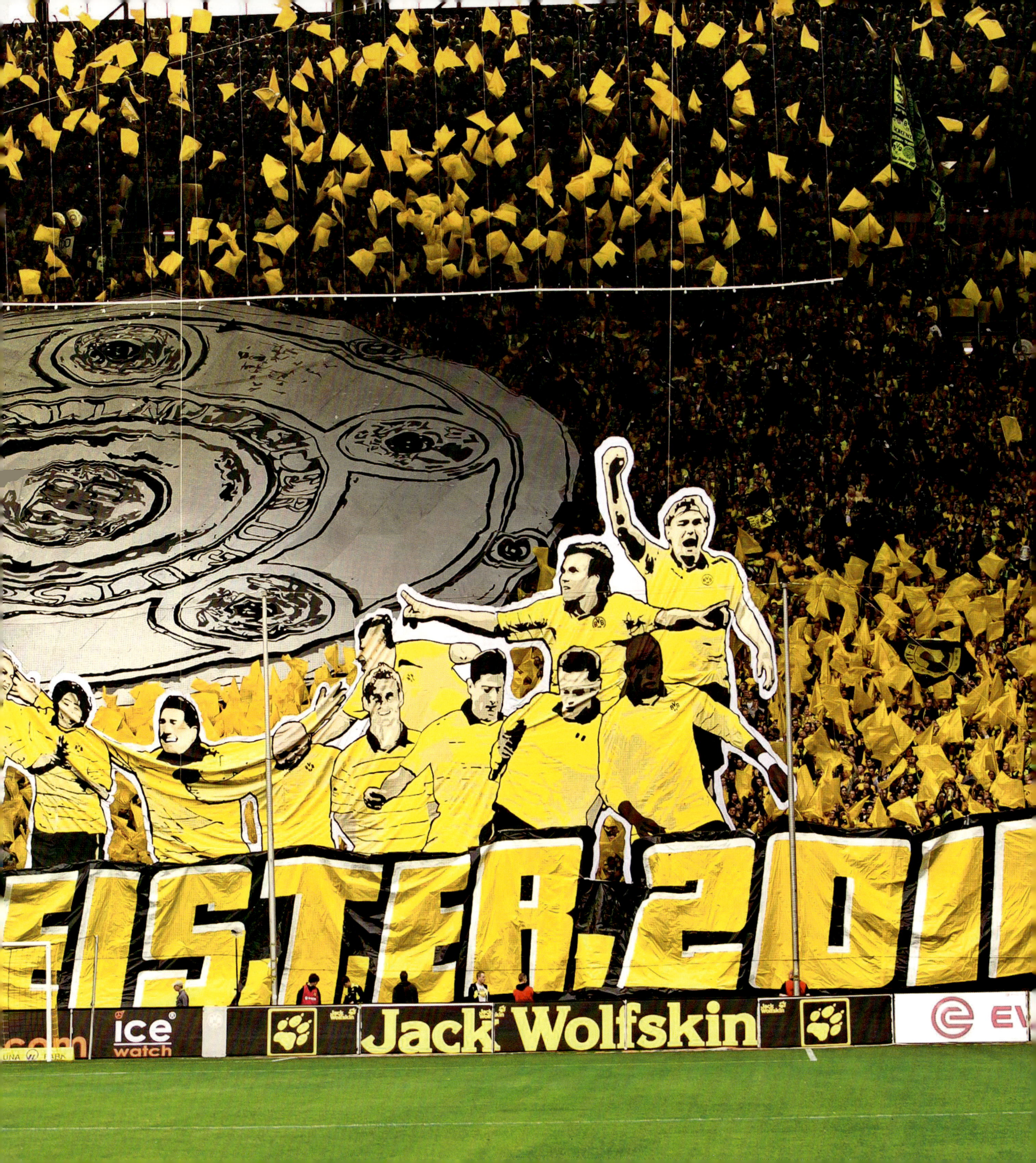
EISTER 201
ice watch
Jack Wolfskin

Saison 1989/90

Saison 1963/64

Saison 1970/71

DAS ERSTE MAL

Die Bundesliga ist noch keine Minute alt, als Dortmunds Friedhelm Konietzka das erste Tor ihrer Geschichte erzielt. Nur 51 Sekunden braucht der BVB, um die Abwehr des SV Werder auszuspielen. Zu schnell für alle Fotografen im prall gefüllten Weserstadion. Ein Foto des Abstaubertors existiert leider nicht. Dafür aber der magische Augenblick unmittelbar nachdem der Ball die Linie des Tores von Klaus Lambertz überschritten hat: Im Vordergrund reckt Lothar Emmerich die Arme in die Höhe und blickt triumphierend Richtung Kamera. Im Hintergrund dreht der Torschütze strahlend ab. Doch die Freude ist verfrüht: Borussia Dortmund verliert das Premierenspiel in Bremen mit 3:2.

DER BETZE BRENNT!

In der Gegenwart ist der Streit um den Gebrauch von Pyrotechnik im Stadion zum Dauerkonflikt zwischen Ultragruppierungen und Clubvertretern geworden. Lange Zeit gehörte das Abbrennen von Feuerwerk jedoch zum festgelegten Ritual in der Liga. Besonders hitzig geht es in den 1980er-Jahren auf dem Kaiserslauterer Betzenberg zu. Mit Pyroeffekten verwandeln die Fans ihr Stadion in eine Trutzburg. Zudem werden gegnerische Spieler bei Eckbällen öfter mal von Rentnern behelligt, die mit Regenschirmen durch die Zäune stochern. Der »Betze« ist damals eine Festung, weshalb Bayern-Star Paul Breitner bekundet, er wolle nicht mehr anreisen und die Punkte zukünftig lieber gleich per Post in die Pfalz schicken.

MENSCH MAUER

Wie ein Bollwerk baut sich die Elf des SV Werder Bremen gegen die drückende Überlegenheit von Rot-Weiß Oberhausen auf. Am vorletzten Spieltag kämpft die Mannschaft vom Niederrhein gegen den drohenden Abstieg. Doch gegen die Bremer, die in der Tabelle bereits jenseits von Gut und Böse sind, haben sie leichtes Spiel. Mit 3:0 gewinnt Oberhausen und darf weiter auf den Ligaerhalt hoffen. Einen Treffer nach dem indirekten Freistoß im Strafraum können die Werder-Spieler allerdings mit vereinten Kräften als menschliche Mauer auf der Torlinie erfolgreich vereiteln.

Saison 1975/76

Saison 2010/2011

Saison 1966/67

DIE EINSCHLÄGE KOMMEN NÄHER
Klaus Fischer in seiner Paraderolle als Fallrückzieher-Ikone. Seine unnachahmliche Schusstechnik beschert dem Schalker Mittelstürmer später sogar laut einer ARD-Umfrage das »Tor des Jahrhunderts«. Diese Ehrung wird seinem Treffer im November 1977 im Freundschaftsländerspiel gegen die Schweiz zuteil. Dass er auch vorher schon in dieser von ihm kreierten Sonderdisziplin große Erfolge feiern kann, beweist sein spektakuläres Tor im Karlsruher Wildparkstadion im September 1975. Katapultartig hämmert Fischer die Flanke von Helmut Kremers zur 2:0-Führung der Knappen in die Maschen von Keeper Siegfried Kessler.

DER PUPPENSPIELER VON ANZING
Nachdem es bei der Gründung der Liga Profis noch verboten ist, mit ihrem Namen Reklame zu machen, lockert der DFB nach und nach seine Statuten. Im November 1966 hat Bayern-Torwart Sepp Maier zwar erst zwei Länderspiele auf dem Buckel, doch die »Katze von Anzing« in ihrem schicken schwarzen Dress ist bereits das Idol von zahllosen Teenagern. Grund genug für einen Spielzeughersteller, Puppen des Münchner Torwarts herzustellen. Die Figuren sind zwar nicht maßstabsgetreu, sie passen aber dennoch ganz gut zu dem Keeper mit dem Schalk im Nacken, der sich intern auch des Öfteren als Dickkopf entpuppt.

IM SÜDEN IST DAS LEBEN LEICHTER
Borussia Dortmund steht bereits vor dem letzten Saisonspiel gegen Eintracht Frankfurt als neuer Meister fest. Die Südtribüne, mit ihren rund 25 000 Plätzen die größte frei stehende Stehplatztribüne in Europa, feiert ihre Mannschaft mit einer beeindruckenden Choreografie und leidenschaftlichen Gesängen. Das Foto symbolisiert die gesellschaftsübergreifende Begeisterung, die dem Bundesligafußball spätestens seit der WM 2006 entgegenschlägt. Es steht aber auch für die neuen Formen von Fankultur, die vor allem durch das Engagement der Ultragruppierungen nach der Jahrtausendwende auf Erstligatribünen Einzug halten.

DIE BUNDESLIGA.
EINE IDEE MACHT GESCHICHTE.

Die Idee war gut, aber Deutschland noch nicht bereit. Als die Delegierten des DFB im Juli 1962 zusammenkamen, um über die Einführung einer landesweiten Eliteliga zu entscheiden, taten sie dies nicht das erste Mal. Schon seit Mitte der 1950er-Jahre stand das Thema wiederkehrend auf der Tagesordnung. In England spielten die Spitzenmannschaften schon seit 1885 in einer nationalen Eliteklasse. In Spanien, Italien, selbst in der DDR war Spitzenfußball seit Jahrzehnten in einer einheitlichen Liga strukturiert. Nur in Westdeutschland konnte man sich partout nicht zur Entscheidung für ein Oberhaus durchringen.

Sepp Herberger hatte schon 1939 von einer großdeutschen Topliga geträumt, doch der Krieg erstickte seine Vision im Keim. Als der Nationaltrainer nach dem Untergang des »Dritten Reichs« erneut für die Einführung plädierte, spielte ausgerechnet der WM-Triumph seiner Elf 1954 den Gegnern in die Karten. Die waren nämlich der Ansicht, dass gerade das verzweigte fünfklassige Oberliga-System den Erfolg der Mannschaft in Bern ermöglicht hatte.

Herberger war hingegen überzeugt, dass nur eine nationale Konkurrenz das sportliche Niveau der Clubs langfristig heben könne und damit auch die Qualität seiner Nationalspieler. In den einzelnen Oberligen kickten die Spitzenteams monatelang gegen Feierabendfußballer, bis sie es in der Endrunde mit Gegnern auf Augenhöhe zu tun bekamen. Den antiquierten Bossen im Verband aber war die Professionalisierung verdächtig. Sie glaubten noch an einen »sauberen Amateurismus« wie zu Zeiten von Turnvater Jahn. Die Realität aber sah längst anders aus: Während in Deutschland das Vertragsspieler-Statut Handgelder und Transfergewinne verbot, versuchte Atlético Madrid Fritz Walter bereits 1951 für 225 000 Mark Handgeld ins warme Spanien zu locken. 1961 hatten mit Klaus Stürmer und Horst Szymaniak bereits zwei Stars dem deutschen Fußball den Rücken gekehrt und waren ins Ausland gewechselt. Offiziell hielten sich die Vereine zwar an die Gehaltsregelung von maximal 400 Mark monatlich pro Spieler. Doch Zahlungen unter der Hand nahmen zu, was manche Clubs zusehends in wirtschaftliche Bedrängnis brachte.

Als die Nationalelf bei der WM 1962 in Chile im Viertelfinale kläglich ausschied, wurde auch den verknöcherten Funktionären klar, dass an einer Reformierung des Ligasystems kein Weg mehr vorbeiführte. Am Samstag, dem 28. Juli 1962, kamen die DFB-Oberen beim 14. Bundestag des Deutschen Fußball-Bundes endlich zur Vernunft. Im Goldsaal der Dortmunder Westfalenhalle stimmten 103 der 129 Delegierten dafür, dass ab 1. August 1963 »eine zentrale Spielklasse unter Leitung des DFB« eingeführt werden sollte.

Am 28. Juli 1962 ist es endlich so weit: 129 Delegierte des DFB entscheiden im gediegenen »Goldsaal« der Dortmunder Westfalenhalle über die Gründung der Bundesliga. 103 Verbandsvertreter stimmen für die Einführung des Ligasystems zur Saison 1963/64.

DER CLUB DER VISIONÄRE
Die grauen Männer, die über die Teilnehmer der ersten Bundesligaspielzeit befinden, bei ihrer ersten Sitzung im Januar 1963: Franz Kremer, Hermann Neuberger, DFB-Generalsekretär Hans Paßlack, Ludwig Franz, Walter Baresel und Willi Hübner (v. l.).

Profitum auf Raten

Wer nun eine ungezügelte Kommerzialisierung erwartet hatte, wurde eines Besseren belehrt. Die Einführung »einer zentralen Spielklasse mit Berufsspielern« wurde mit großer Mehrheit abgelehnt. Laut Statut galten die Spieler als »bezahlte Angestellte eines lizenzierten Vereins«, und ihre monatlichen Bezüge durften inklusive Prämien 1200 Mark nicht überschreiten. Für Topspieler mussten Clubs beim Ligaausschuss ein höheres Gehalt gesondert beantragen und um Genehmigung bitten. Der Höchstbetrag für Ablösesummen lag bei 50 000 Mark. Auch »Sonderprämien« waren vom DFB festgelegt: Die Akteure der Meisterelf bekamen 2000 Mark, die des Pokalsiegers 1500 Mark extra. Per Statut wurde anfangs sogar ausgeschlossen, dass ein Bundesligaspieler seinen Namen für Werbung zur Verfügung stellen durfte.

Auch die Frage, welche Clubs der Liga nun angehören sollten, bereitete dem Ligaausschuss Probleme. Von den 74 Oberliga-Vereinen bewarben sich 46 um eine Lizenz auf einen der anfangs 16 ausgelobten Startplätze. Als Auswahlkriterien wurden laut Verband die sportlichen Leistungen seit der Saison 1951/52 sowie ein schwer zu durchdringendes Dickicht von infrastrukturellen Faktoren zugrunde gelegt. So sollten Clubs, die infrage kamen, über ein Stadion mit 35 000 Plätzen und eine Flutlichtanlage verfügen. Außerdem sollte nur ein Verein pro Stadt Zugang zur neuen obersten Liga erhalten. Ob sich der Ausschuss sklavisch an seine eigenen Vorgaben hielt oder auch persönliche Interessen der Mitglieder die Auswahl beeinflussten, konnte im Nachhinein nie geklärt werden. Jedenfalls legten arrivierte Vereine wie Borussia Mönchengladbach und Bayern München vergeblich Beschwerde wegen ihrer Nichtberücksichtigung ein. Und als der Meidericher SV und Preußen Münster vor Alemannia Aachen den Vorzug erhielten, klagten die Männer vom »Tivoli« vor Gericht auf Zulassung. Sie glaubten an eine Verschwörung des Kölner Präsidenten Franz Kremer, der sich als treibende Kraft bei der Ligagründung im DFB-Führungszirkel gegen den rheinischen Rivalen ausgesprochen haben soll.

Taschenspielertricks

Die rechtliche Weste, die der Ligaausschuss der neuen Spielklasse umlegte, entpuppte sich schon bald als zu eng. Mit dem Startschuss begannen Clubs nach juristischen Schlupflöchern zu suchen, um ihre Wettbewerbssituation zu verbessern. Etwa indem sie die Transferklausel umgingen und für 100 000 Mark zwei Spieler verpflichteten – einen Star und eine Graupe. Als diese Koppelgeschäfte ruchbar wurden, erhielten die entsprechenden Vereine empfindliche Geldstrafen, doch der Geist war aus der Flasche. Die Verantwortlichen mussten handeln, und mit den Jahren wurden die anfangs 33 Paragrafen des »Lizenzspielerstatuts« stetig gelockert.

Ein Quantensprung in der Kommerzialisierung gelang 1973 dem Wolfenbütteler Likörfabrikanten Günter Mast, der mit einem Bauerntrick die Trikotwerbung einführte. Der Geschäftsmann überzeugte die Clubbosse der klammen Braunschweiger Eintracht, den traditionellen Löwen im Vereinswappen für 300 000 Mark jährlich durch den »Hubertus-Hirsch« zu ersetzen, das Emblem von Masts Arbeitgeber »Jägermeister«. Durch den juristischen Kniff war das Brustbild offiziell keine Reklame, sondern lediglich ein Clubsignet – und damit zulässig.

So löste der Schnapshersteller die Bremse für ein allumfassendes Sponsoring. Trikotwerbung wird in der Saison 2012/2013 allein 130 Millionen Euro in die Kassen der Erstligisten spülen. In Stadien gibt es kaum noch einen Flecken, der nicht werblich genutzt wird. Selbst Eckbälle werden von Firmen präsentiert, und fast alle Erstligaarenen tragen heute die Namen von sponsernden Unternehmen.

Vermarktung bis ins kleinste Detail

Günter Mast hatte sich nie für Fußball interessiert, bis er bei einer Party plötzlich allein am Büffet stand. Den Rest der Feiernden fand er im Wohnzimmer wieder, wo die Gesellschaft im Fernsehen ein Match verfolgte. Da wurde ihm die gesellschaftsübergreifende Faszination des Fußballs bewusst. Ende der 1980er-Jahre stellte diese niemand mehr infrage. Seit 1965 hatten öffentlich-rechtliche Sender die Liga brav mit Zusammenfassungen begleitet und Minimalbeträge für die Übertragungsrechte gezahlt. Dies änderte sich, als das Privatfernsehen in das Bieterverfahren einstieg. Ab Juli 1988 übernahm RTL die Erstausstrahlung und blätterte jährlich 40 Millionen Mark hin – das Vierfache dessen, was bis dato erlöst worden war. Ab 1992 revolutionierte Sat.1 mit der Sendung »ran« den Profifußball, indem man die Liga zur Unterhaltungsshow machte und bereit war, gemeinsam mit dem Bezahlsender Premiere 150 Millionen Mark für die Ausstrahlung zu bezahlen. Pro Spielzeit.

Ab 2013 investiert das Fernsehen 628 Millionen Euro jährlich in die Bundesliga. Den Löwenanteil trägt der Pay-TV-Sender Sky, dem es in den vergangenen Jahren gelungen ist, durch seinen Geldregen bei den Verantwortlichen die einheitliche Anstoßzeit – Samstagnachmittag, 15.30 Uhr – zu kippen, um sein Live-Übertragungspaket noch attraktiver für die Abonnenten zu machen. Vom Freitagabend bis zum frühen Sonntagabend steht nun das TV-Wochenende ganz im Zeichen der Liga.

Ein Grund für die exponenziell gestiegenen Einnahmen ist die Zentralvermarktung. Seit 2001 haben sich die Vereine unter dem Dach der Deutsche Fußball Liga GmbH (DFL) zusammengeschlossen, um ihre Interessen gemeinsam geltend zu machen. Aufgabe der DFL ist es, den Spitzenfußball kommerziell zu verwerten. Die Bundesliga ist zu einem exklusiven Produkt geworden, das Sponsoren anzieht und für traumhafte Quoten sorgt. In der Saison 2011/2012 erzielte die Marke »Bundesliga« den siebten Umsatzrekord in Folge. Während die Matches der ersten Saison 1963/64 in den Stadien noch 6,6 Millionen Zuschauer zu einem durchschnittlichen Eintrittspreis von drei Mark verfolgten, waren es in der Spielzeit 2011/2012 13,8 Millionen Stadionbesucher, die Preise von bis zu 90 Euro für eine normale Sitzplatzkarte hinblätterten. Damit ist die Bundesliga die besucherstärkste Liga der Welt.

Die Gehaltsgrenzen der Spieler sind seit dem Bosman-Urteil gesprengt, Monatsgehälter von 500 000 Euro keine Seltenheit mehr. Die deutschen Erstligavereine setzen gegenwärtig fast zwei Milliarden Euro pro Jahr um, im Jahre 1965 waren es umgerechnet 12,5 Millionen Euro. Die Idee, die so lange auf ihre Umsetzung warten musste, hat eine lange Erfolgsgeschichte geschrieben. Und ein Ende ist längst noch nicht in Sicht.

»Der deutsche Fußball hat sich zu einem Wagnis bekannt, jetzt muss er das Wagnis bestehen.«

»Sportschau«-Kommentar

»Wir haben die Bundesliga fünf Minuten nach zwölf eingeführt, aber es ist noch nicht zu spät.«

Franz Kremer, Präsident 1. FC Köln

Saison 1965/66

TREIBENDE KRAFT

Der Präsident des 1. FC Köln, Franz Kremer, setzt sich schon früh beim DFB für die Bundesliga ein. Der Geschäftsmann hat seinen Verein in den 1950er-Jahren mit professionellen Strukturen ausgestattet. Als erster Club verfügen die Kölner über ein eigenes Trainingszentrum am »Geißbockheim«. Seine Spieler bindet Kremer in regionale Unternehmen ein und verschafft ihnen geldwerte Vorteile, damit ihre Verträge nicht mit den Gehaltsobergrenzen der DFB-Statuten kollidieren. Der kölsche Werbefachmann Kremer träumt davon, den FC zum »Real Madrid des Westens« zu machen, weshalb die Elf in blütenweißen Trikots aufläuft. Bis der FC-Präsident im November 1967 überraschend stirbt, ist der 1. FC Köln eine absolute Spitzenmannschaft.

DER PLATZHIRSCH

Kräuterlikör-Fabrikant Günter Mast präsentiert stolz seinen Coup. Die klamme Braunschweiger Eintracht integriert ab 1973 statt des traditionellen Löwen einen Hubertus-Hirschen in ihrem Vereinswappen. Spieler wie Friedhelm Haebermann, Ludwig Bründl, Bernd Gersdorff und Bernd Franke (v. l.) tragen diesen fortan deutlich sichtbar auf der Brust ihres Jerseys, und der Verein erhält im Gegenzug umfangreiche Zahlungen des Wolfenbütteler Unternehmens »Jägermeister«. Mit seinem Taschenspielertrick umgeht Mast die DFB-Statuten, die Trikotwerbung bis zu diesem Zeitpunkt verbieten, und zwingt den Ligaausschuss, die Regelung alsbald abzuschaffen.

Saison 1976/77

»Auswärts brauchen wir nicht schön zu spielen. Unsere Trikots sind schön genug!«

PETER KROHN,
HSV-MANAGER

ALLES SO SCHÖN BUNT
Dr. Peter Krohn (ganz links) bringt Farbe in die Liga. Der Präsident und spätere Manager platziert seinen Hamburger SV zwischen 1973 und 1977 mit revolutionären Vermarktungsmethoden in den Medien. Er führt Showtrainings ein, lässt derweil eine Blaskapelle spielen und engagiert den Blödelbarden Mike Krüger als Linienrichter. Krohns Praktiken werden anfangs zwar belächelt, dennoch gelingt es ihm, den verschuldeten Club in die schwarzen Zahlen zu führen. In der Saison 1976/77 lässt er die »Rothosen« sogar in rosa Trikots auflaufen, um den Frauenanteil im Stadion zu erhöhen. Das Vorhaben aber schlägt fehl – im Schnitt kommen nur 1000 Zuschauer mehr als in der Vorsaison.

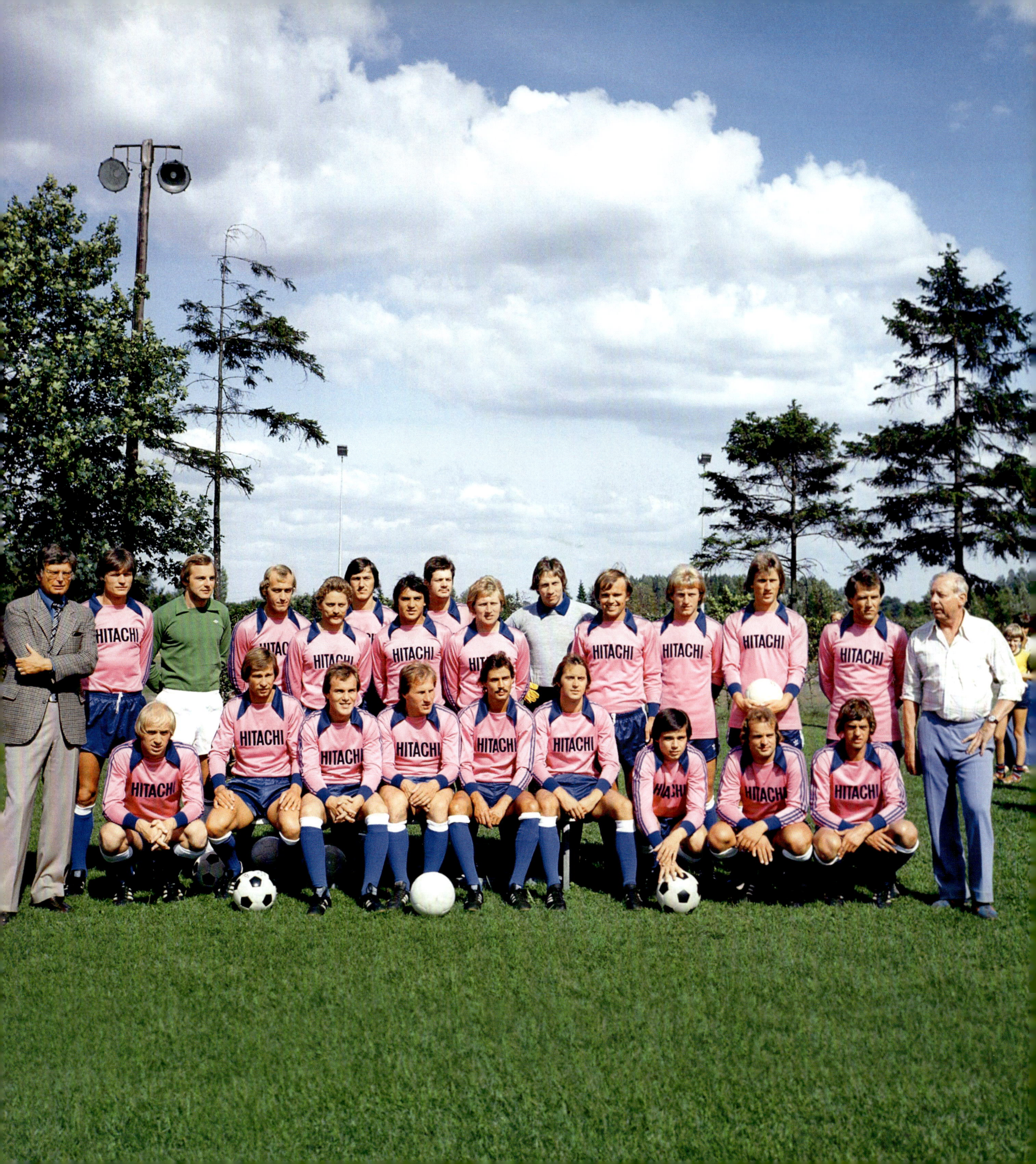
HITACHI

Saison 1992/93

... LIKE SHOWBUSINESS!

Am 14. August 1992 strahlt der Privatsender Sat.1 erstmals seine Bundesligashow »ran« aus. Die Sendung übernimmt in den Folgejahren die Funktion der »Sportschau«, die seit der Gründung regelmäßig am Samstag über die Spiele der Liga berichtet hat. Lag der Fokus der Beiträge bis dato auf den sportlichen Fakten, widmet sich »ran« nun verstärkt dem Drumherum des Fußballs, bombardiert den Zuschauer mit neumodischen Statistiken und überrascht mit einer veränderten Interviewführung. So geht Moderator Reinhold Beckmann in der Sendung nicht nur mit Trainer Udo Lattek in den Clinch (»wandelnde Litfaßsäule«), sondern zerrt auch Spielerfrauen wie Lolita Matthäus vor das Mikrofon.

Saison 2001/2002

NAMEN SIND SCHALL UND RAUCH

Im Vorfeld der Weltmeisterschaft 2006 entstehen deutschlandweit neue Multifunktionsarenen. Am alten Standort des Hamburger Volksparkstadions im Stadtteil Stellingen eröffnet am 1. Juli 2001 die neu gebaute »AOL Arena«. Ein Internetkonzern erwirbt für vorerst vier Jahre die Namensrechte an dem Stadion und zahlt dem Hamburger SV dafür die stolze Summe von umgerechnet 15,3 Millionen Euro. Der Trend überträgt sich bald auf die gesamte Bundesliga. In der Saison 2012/2013 spielen nur noch drei Clubs im Oberhaus, deren Spielstätte nicht den Namen eines sponsernden Unternehmens trägt.

SCHLACHT AM SALATBÜFFET.
DIE PARADE DER MEISTER.

Das Objekt der Begierde wiegt elf Kilo und hat einen Durchmesser von 59 Zentimetern. Jahr für Jahr balgen sich 18 Clubs um den Wanderpokal, den der Volksmund »Salatschüssel« nennt. Ein Rückblick auf unvergessliche Titeltriumphe.

Saison 1963/64

DER CHEF UND SEIN JUNIOR
Wäre der 1. FC Köln Mitte der 1960er-Jahre ein inhabergeführtes Unternehmen, Präsident Franz Kremer und Kapitän Hans Schäfer würden perfekt die Rolle von Vater und Sohn an der Spitze ausfüllen. Marketingpionier Kremer ersinnt den modernen Profliclub, Schäfer ist das Symbol für den ehrbaren Sportsmann mit dem unbedingten Willen zum Erfolg. Ab dem fünften Spieltag steht der FC im ersten Ligajahr an der Spitze der Tabelle und lässt sich nicht mehr verdrängen. Am Ende trennen den Geißbockverein sechs Punkte vom Verfolger Eintracht Frankfurt. Nie wieder wird der 1. FC Köln derart dominieren – auch nicht 1978, als der Club unter Hennes Weisweiler seinen zweiten Titel holt.

> »Wollen Sie mit mir Deutscher Meister werden?«
> **FRANZ KREMER BEI DER GRÜNDUNG DES 1. FC KÖLN 1948**

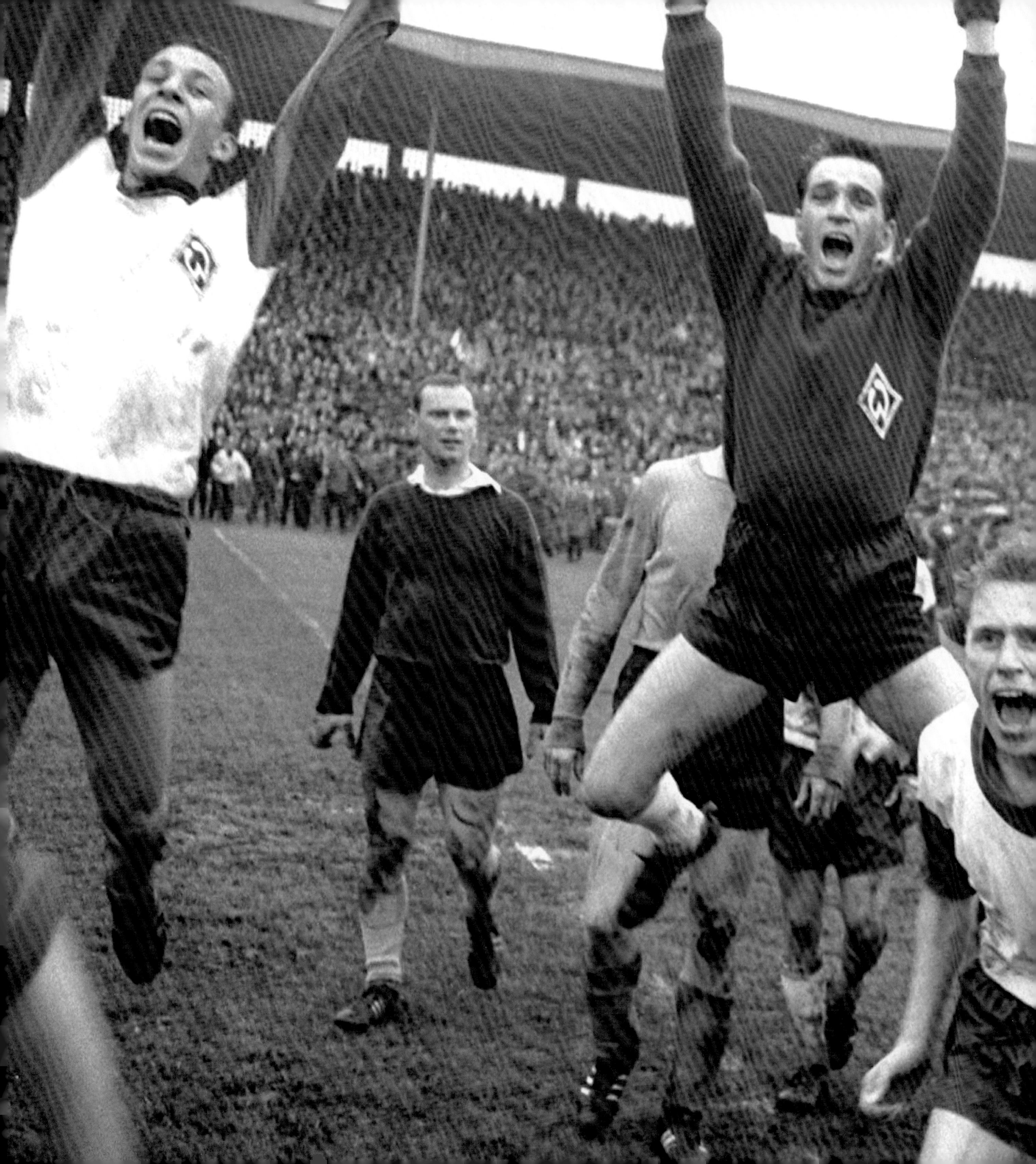

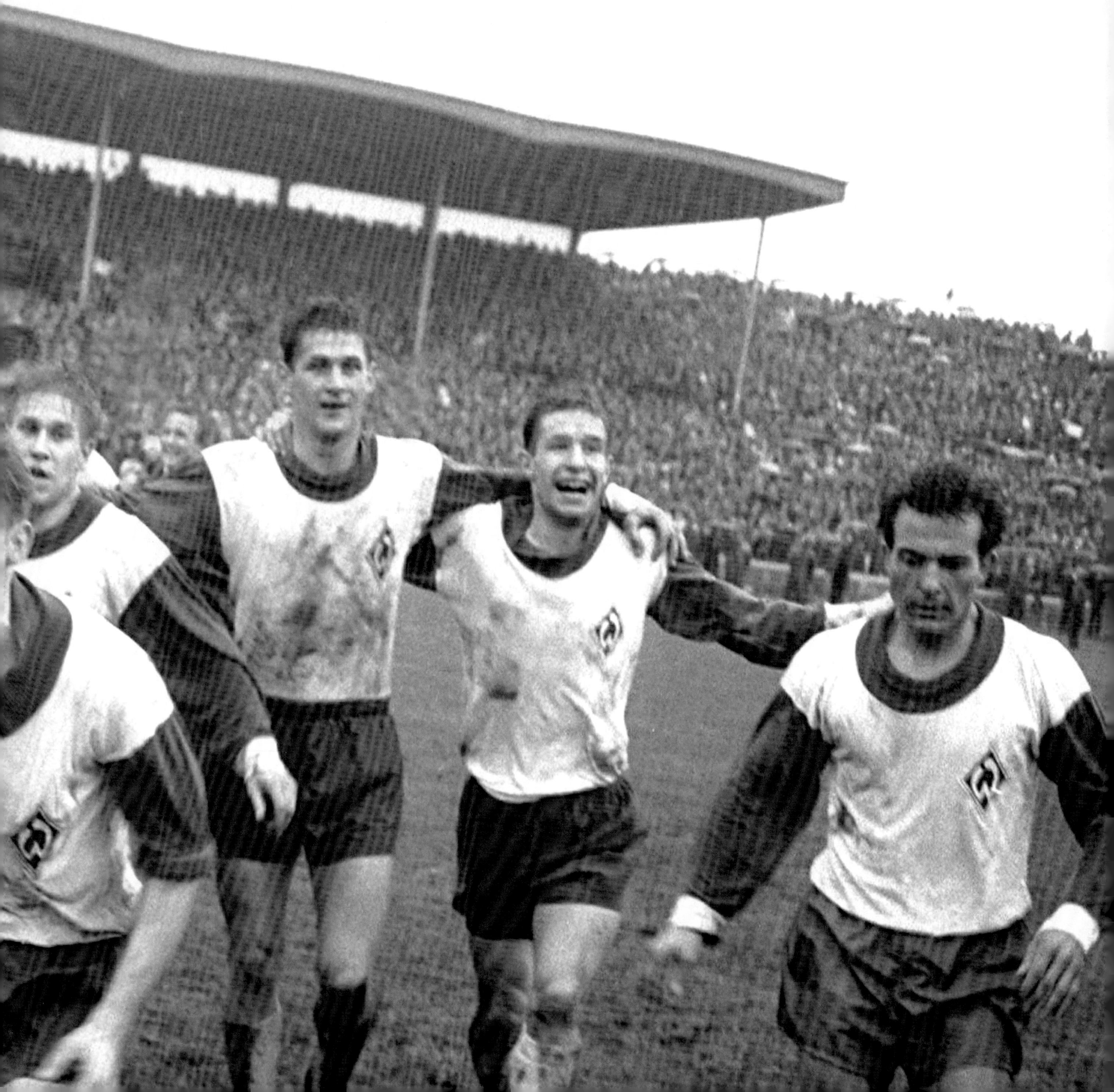

> »Im Training habe ich mal die Alkoholiker meiner Mannschaft gegen die Antialkoholiker spielen lassen. Die Alkoholiker gewannen 7:1. Da war's mir wurscht. Da hab ich g'sagt: ›Sauft's weiter.‹«
>
> MAX MERKEL, TRAINER

RUFE WIE DONNERHALL
Mit einem wackeligen 2:3-Auswärtssieg schafft der SV Werder Bremen am letzten Spieltag in Nürnberg den Titelgewinn. Vorjahressieger 1. FC Köln kommt beim BVB nicht über ein Unentschieden hinaus. Fassungslos vor Glück bejubeln die Spieler von Coach Willi Multhaup nach dem Abpfiff auf dem morastigen Untergrund des Frankenstadions die erste Meisterschaft in der Bremer Vereinsgeschichte. Der erste von insgesamt vier Titelerfolgen in der Bundesligahistorie bis heute.

ERFOLGREICHES CLUBHOPPING
Der Rekordmeister hat wieder zugeschlagen. Unter Disziplinfanatiker Max Merkel wird der 1. FC Nürnberg zum neunten und vorerst letzten Mal Deutscher Meister. Zwei Jahre nachdem Merkel mit dem TSV 1860 München die Salatschüssel an die Grünwalder Straße geholt hat, gelingt ihm das Kunststück nun mit dem »Club« erneut. Doch wieder ist sein Erfolg nur von kurzer Dauer. Nur ein Jahr nachdem die »Clubberer« im Mai 1968 mit einem ruhmreichen 2:1 gegen den BVB den Titel perfekt gemacht haben, müssen sie als amtierender Meister den Gang in die zweite Spielklasse antreten. Bis heute ein einzigartiger Vorgang in der Ligageschichte.

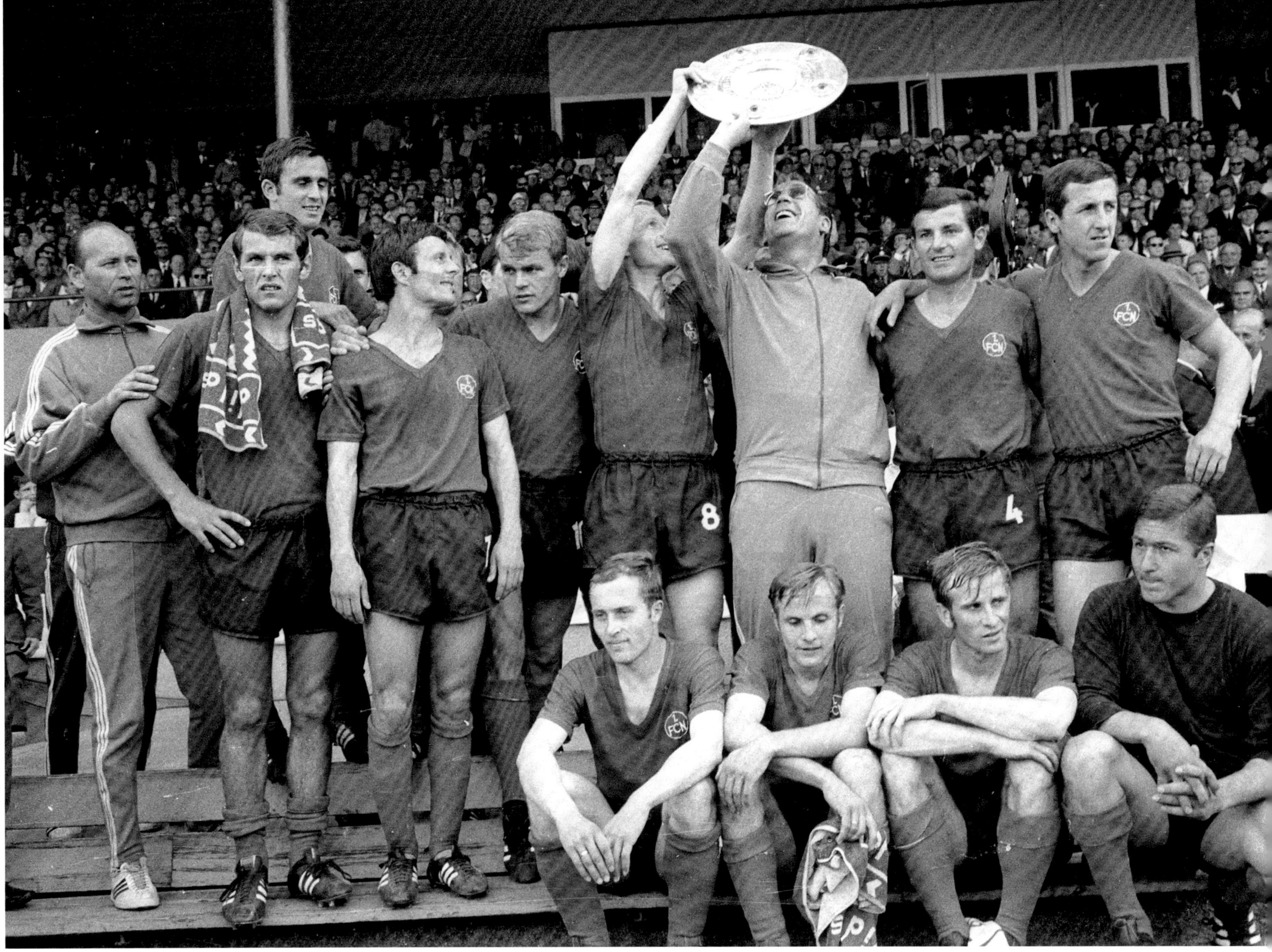

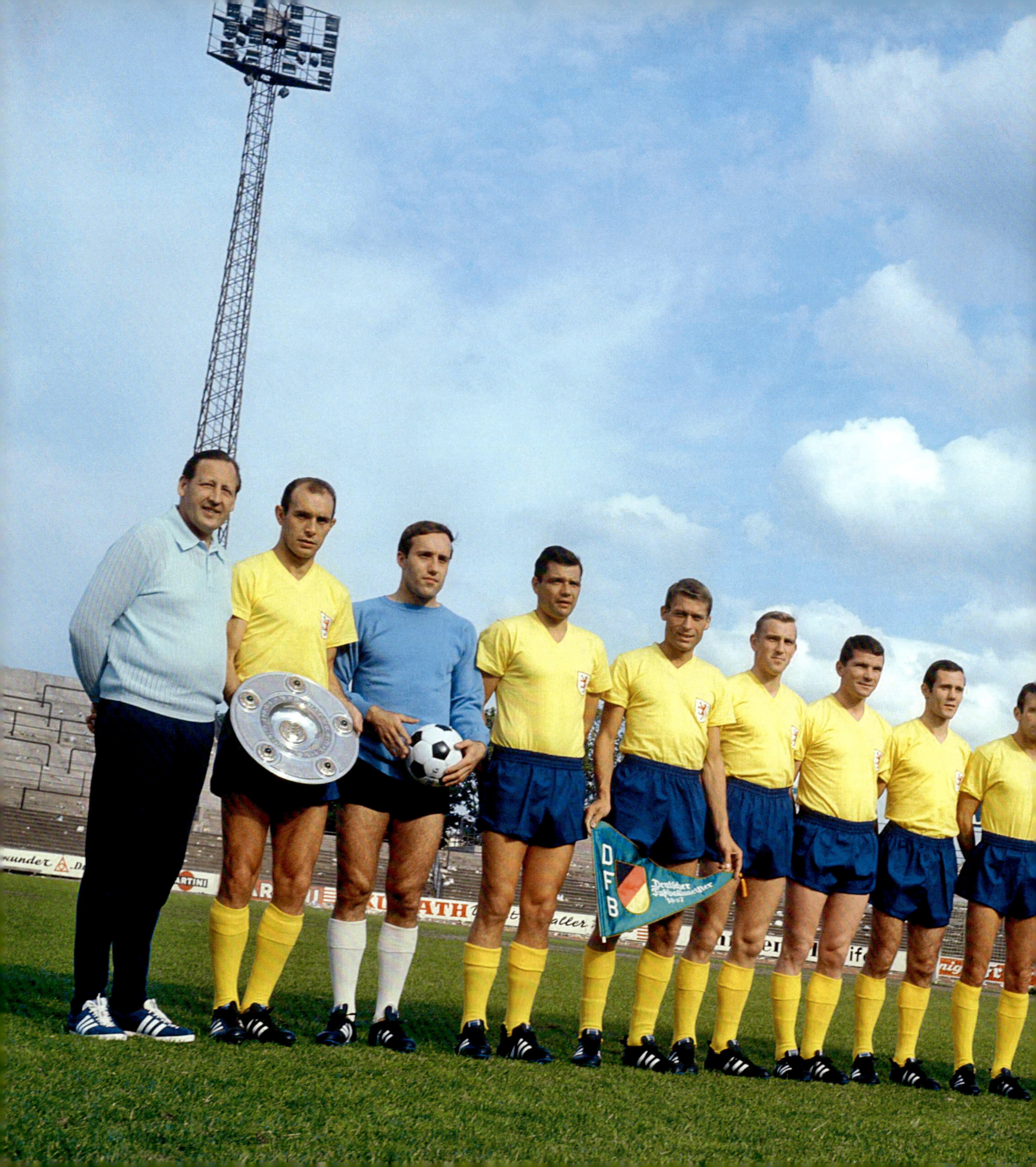
DFB

Saison 1966/67

SCHMALSPURSIEGER
So akkurat sich die Mannschaft von Trainer Helmuth Johannsen nach der gewonnenen Meisterschaft den Fotografen präsentiert, so sorgfältig hat die Elf während der Spielzeit auch ihr Tor bewacht. Der puristische Coach orientiert sich am Catenaccio-Stil von Helenio Herrera. Eintracht Braunschweig bleibt bei der Hälfte aller Saisonspiele ohne Gegentreffer und wird mit einer minimalistischen Differenz von 49:27 Toren Meister. Ein Rekord, der erst 22 Jahre später von Werder Bremen unterboten werden soll. In Mönchengladbach pflegt man in der Spielzeit 1966/67 derweil einen anderen Stil. Die Borussia schlägt Schalke 04 mit 11:0 – und sorgt damit für das erste zweistellige Ergebnis der Ligahistorie.

»Als andere Vereine schon in tollen Glitzertrikots aufliefen, trugen wir noch die alten Baumwollhemden, die im Regen immer kleiner wurden.«

HORST WOLTER, TORWART
EINTRACHT BRAUNSCHWEIG

Saison 1965/66

58, 59 ... 60!
Der Himmel über München ist bedeckt, und doch schimmert die ganze Stadt am letzten Maiwochenende 1966 weiß-blau. Der TSV 1860 München steht bereits vor dem letzten Spieltag als Meister fest. Die Elf lebt seit Monaten im Zwist mit ihrem Coach Max Merkel. Der Übungsleiter schmollt, weil einige Spieler sich seinen Anweisungen widersetzt haben. Doch der Ärger schweißt das Team noch enger zusammen. Kapitän Peter Grosser sagt: »Wir sind nicht wegen, sondern trotz Merkel Meister geworden.« Das 1:1 gegen den Hamburger SV ist nur das Vorspiel für eine Partynacht in Schwabing. Es ist der einzige Erfolg der »Löwen« in der Bundesligahistorie.

> »Bei den Sechzigern gab es ein paar talentierte Trinker. Geniale Fußballer, die das Leben etwas zu viel genossen. Uns Künstlern war das aber keineswegs unsympathisch.«
>
> **KABARETTIST DIETER HILDEBRANDT ÜBER DAS MEISTERTEAM VON 1966**

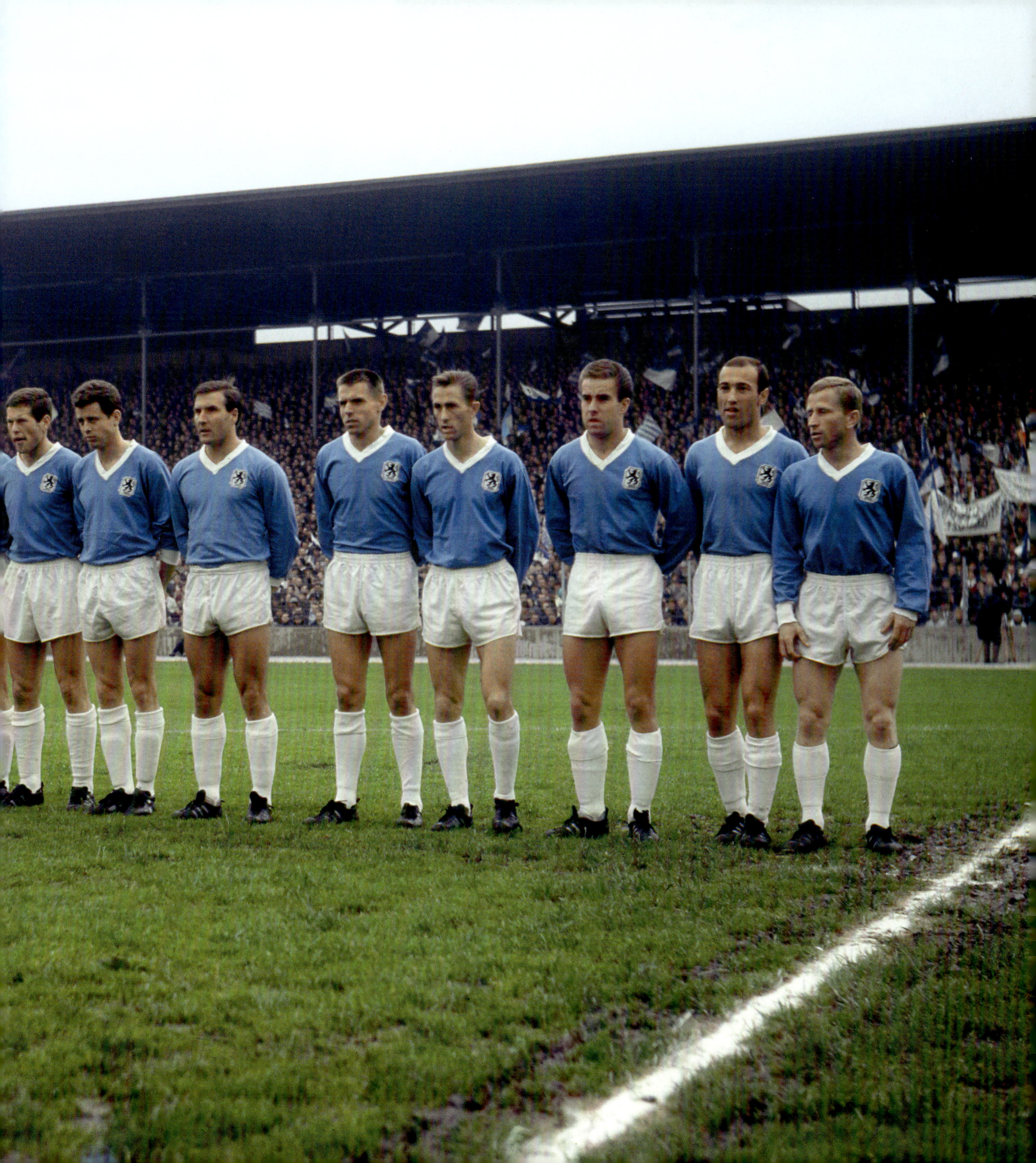

FOHLENRUDEL

Auch unter Trainer Udo Lattek büßt die Gladbacher Borussia ihre Dominanz in der Liga nicht ein. Nachdem Hennes Weisweiler den Club nach drei Meistertiteln gen Barcelona verlassen hat, impft Lattek den wilden »Fohlen« einen Sicherheitsfußball ein, der den Erfolgen jedoch keinen Abbruch tut. Auf dem Doppeldeckerbus eines Biersponsors präsentiert Kapitän Berti Vogts in der Innenstadt von Mönchengladbach den Fans die Schale. Die sind in den 1970er-Jahren an diesen Anblick gewöhnt: Die Borussia holt innerhalb der Dekade insgesamt fünf Meisterschaften an den Niederrhein.

»Sie können ruhig etwas
  lauter nicken.«
              UDO LATTEK

BORUSSIA
MÖNCHEN GLADBACH
HANNEN ALT
HANNEN ALT
HANNEN ALT
BORUSSIA

HAPPELS JÜNGER

Manfred Kaltz reckt die Salatschüssel in Richtung Westkurve, der Hamburger SV feiert seine zweite Bundesligameisterschaft. Unter den Trainern Branko Zebec und Ernst Happel hat der Club die Chance, dem FC Bayern langfristig die Vorherrschaft in der Liga streitig zu machen. Angeführt von Kapitän Horst Hrubesch, gelenkt vom Mittelfeldmotor Felix Magath und angetrieben von Offensivverteidiger Kaltz gewinnen die Hanseaten zwischen 1979 und 1983 dreimal den Titel. Das Pressing, das Happel spielen lässt, beschreibt der »Spiegel« treffend: »Den Gegner zurückdrängen, am Aufbau behindern; zerschlagen, was noch gar nicht entstand, sich dann selber entwickeln,

Saison 2008/2009

QUÄLIX' SÖHNE

Mit massiver finanzieller Unterstützung des Volkswagen-Konzerns wird der VfL Wolfsburg unter Felix Magath, der Sportdirektor, Geschäftsführer und Trainer in Personalunion ist, der zwölfte und vorerst letzte Verein seit Gründung der Liga, der den Titel gewinnt. Garant des Erfolges ist vor allem die Angriffsachse der Niedersachsen, bestehend aus dem Brasilianer Grafite und dem Bosnier Edin Džeko, die gemeinsam allein 54 der insgesamt 80 Wolfsburger Tore erzielen. Nach einem furiosen 5:1 am letzten Spieltag gegen hoffnungslos überforderte Bremer läutet Magaths Multikulti-Truppe hier euphorisch die Party ein.

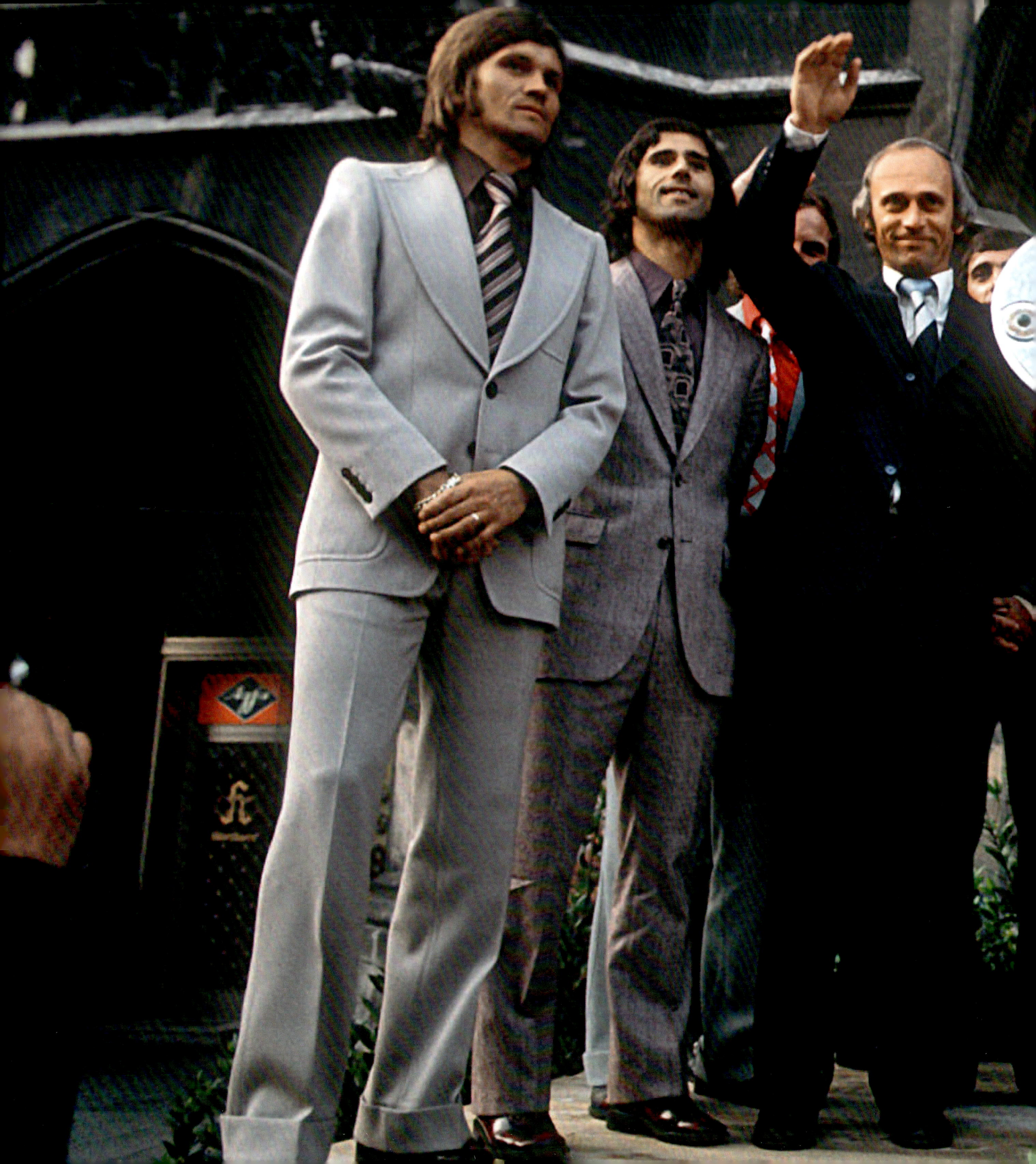

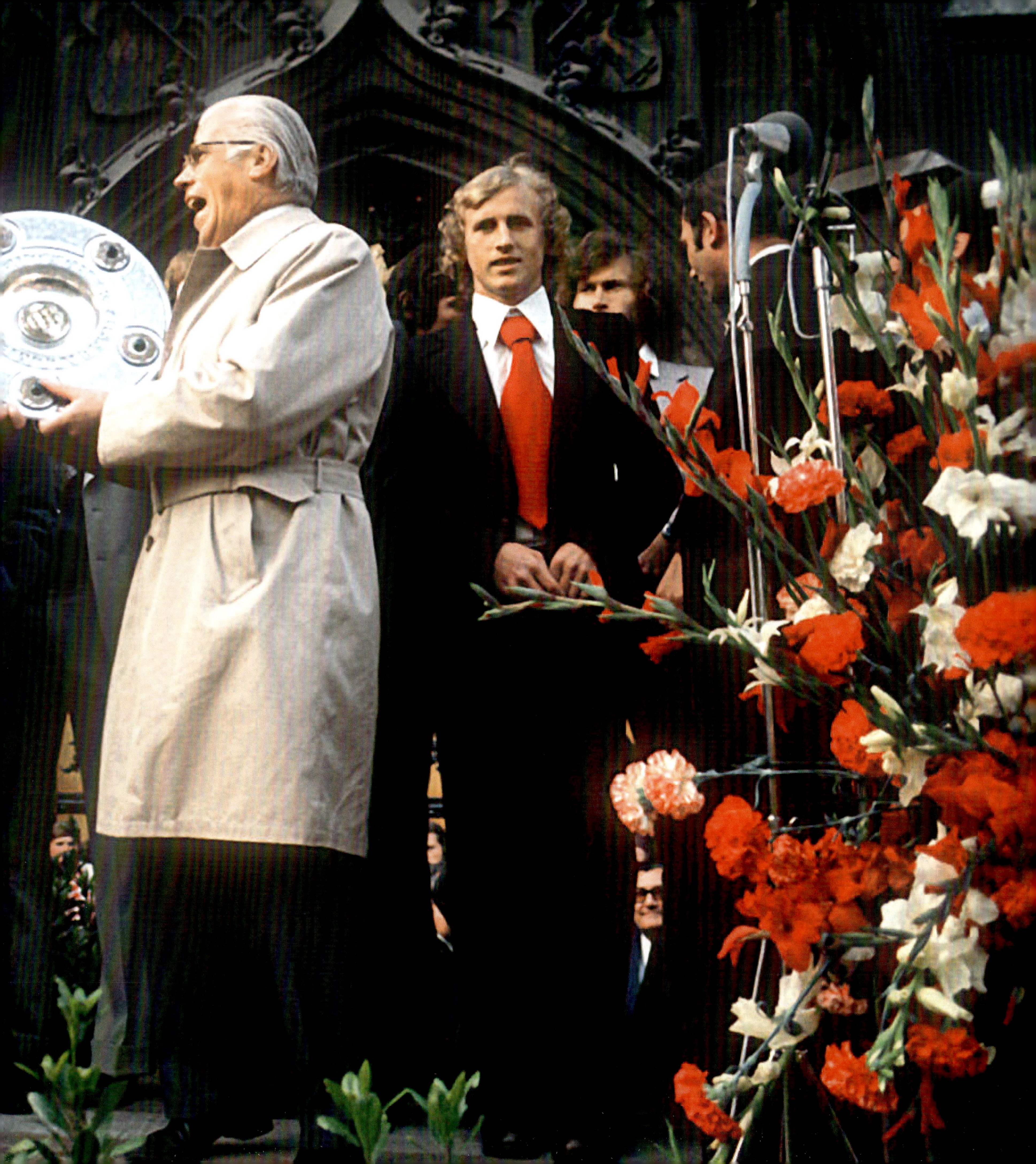

SAME PROCEDURE

In 50 Jahren Bundesliga ein gewohntes Bild: Der FC Bayern feiert am Marienplatz einen Titelgewinn. 21 Meisterschaften hat der Verein in dieser Zeit nach München geholt. Doch während die Elf sich heute in einheitlichen Clubanzügen von den Massen am Rathaus feiern lässt, haben sich Wilhelm Hoffmann, Gerd Müller, Trainer Udo Lattek und Bernd Dürnberger (v. l.) nach dem letzten Heimspiel gegen den 1. FC Köln im Juni 1973 nur hektisch in ihren feinsten Privatzwirn gezwängt, um sich den Fans zu präsentieren. Während für die Aktiven der dritte Bundesligatitel schon fast Formsache ist, kriegt sich Präsident Wilhelm Neudecker im Trenchcoat angesichts der Trophäe offenbar gar nicht mehr ein.

PHÖNIX AUS DER ASCHE

Geschafft! Andreas Brehme reckt stolz die Schale in den blauen Nachmittagshimmel von Hamburg. Ein Unentschieden beim HSV reicht dem Kapitän des 1. FC Kaiserslautern und seinem Team, um den Durchmarsch perfekt zu machen. Nach der tristen Spielzeit 1996/97 in den Untiefen der Zweiten Liga haben die »Roten Teufel« das Wunder geschafft und sind als erster Aufsteiger direkt Deutscher Meister geworden. Mitverantwortlich für den zweiten Bundesligatitel der Pfälzer ist Otto Rehhagel, der ein Team aus Mittelklasseprofis zu einer verschworenen Einheit geformt hat, die auch ein Starensemble aus München unter der Leitung von Grandseigneur Giovanni Trapattoni hinter sich lässt.

Saison 1983/84

KEIN BLICK ZURÜCK

Während sich der Rest der Elf bereits genüsslich der Party mit den Fans zuwendet, bekommt Karl-Heinz Förster nicht genug von den Fotografen. Der Titelgewinn überrascht den Kapitän des VfB Stuttgart offenbar. Eine knappe Heimniederlage gegen den Verfolger Hamburger SV reicht den Schwaben, um aufgrund des besseren Torverhältnisses einen von bis heute drei Ligatiteln an den Neckar zu holen. Vater des Erfolges ist der stille Coach Helmut Benthaus, der lange in der Schweiz gearbeitet hat und deshalb mit vielen Vorbehalten im Ländle zu kämpfen hatte. Nun stellt er zufrieden fest: »Es war mehr als ein Sieg. Es war so etwas wie die letzte Bestätigung meiner Arbeit als Trainer.«

Saison 2011/2012

MR. BRIGHTSIDE
Immer unter Strom. Jürgen Klopp gibt nach dem zweiten Titelgewinn mit dem BVB in Folge (dem fünften in der Ligageschichte) den Einpeitscher vor der Südtribüne. Der Trainer hat es gemeinsam mit Manager Michael Zorc geschafft, den hochverschuldeten Club zu reformieren und mit einem weitgehend aus Nachwuchsspielern bestehenden Kader wieder auf Titelkurs zu trimmen. Die Borussia spielt unwiderstehlichen Angriffsfußball, und das Wort »geil« wird nun zum festen Attribut, wenn es um Dortmunder Fußballkunst geht. Klopp nach einem Sieg gegen den FC Schalke 04: »Ich habe noch nicht miterleben dürfen, wie sich ein Heimsieg im Derby anfühlt. Aber jetzt kann ich es sagen: geil, geil, geil.«

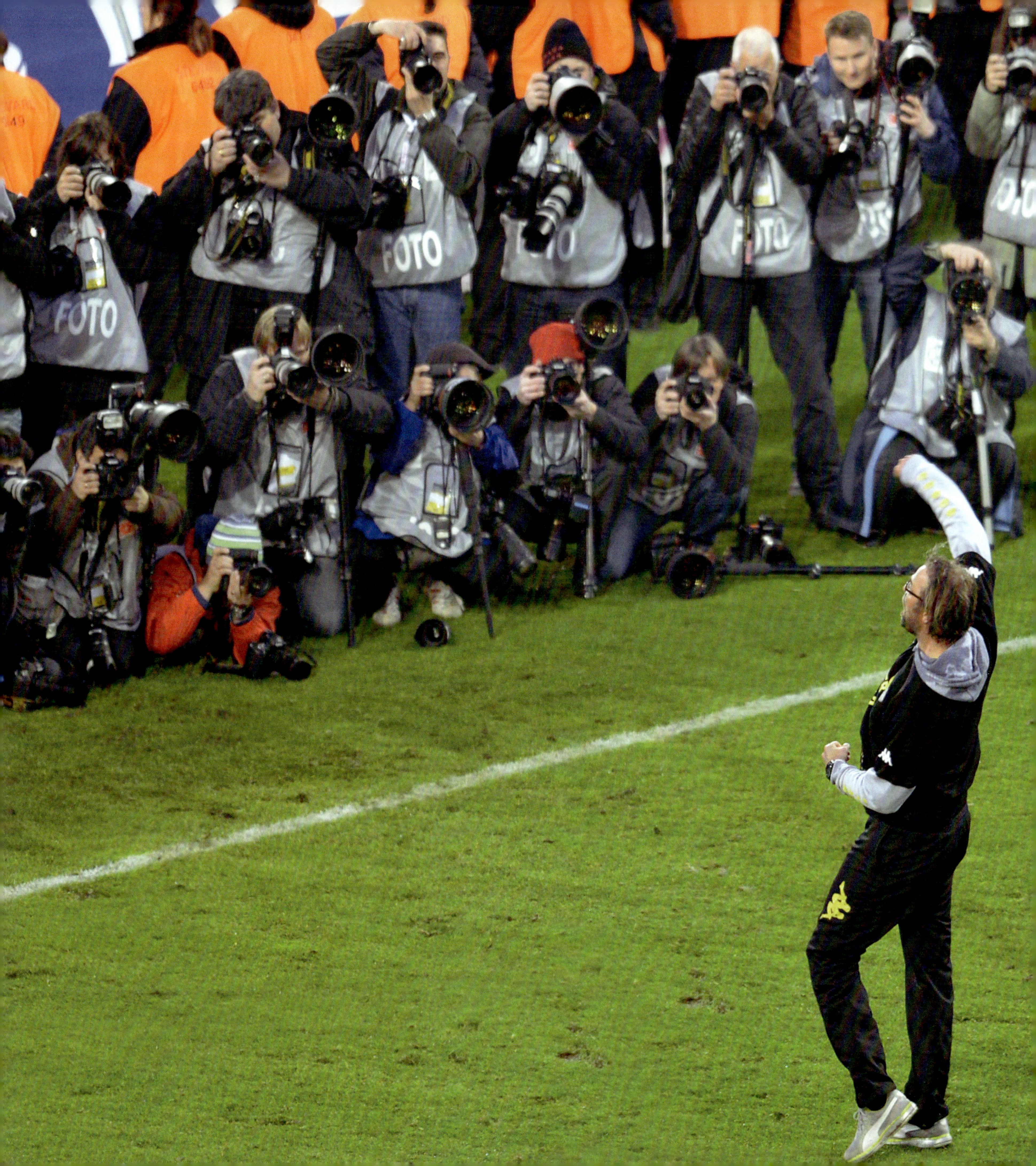
FOTO
FOTO
FOTO
FOTO
FOTO

FÜR DIE EWIGKEIT.
GALERIE DER REKORDHALTER.

Größer, schneller, weiter. Kein Bundesligajahr vergeht ohne neue Bestmarken. Doch eine Hand voll Protagonisten trotzt mit zeitlosen Rekorden standhaft dem Lauf der Dinge. Für immer Nummer eins.

Saison 1977/78

DER TREUE CHARLY
Über drei Bundesligadekaden prägt Karl-Heinz Körbel das Spiel von Eintracht Frankfurt. Als 17-Jähriger ist er aus Dossenheim an den Riederwald gewechselt. Während um ihn herum die »launische Diva vom Main« über die Jahre ihre wechselhaften Gefühle auslebt, erledigt der Vorstopper stoisch seinen Job. 602 Einsätze zwischen 1972 und 1991 sind seine einsame Bestmarke, abgeschlagen auf Platz zwei folgt der Hamburger Manfred Kaltz mit 581 Spielen. Obwohl Körbel viermal mit der Eintracht den DFB-Pokal gewinnt, ist ihm ein Meistertitel in seiner Laufbahn nicht vergönnt. Seine Erkenntnis lautet: »Die Eintracht ist vom Pech begünstigt.«

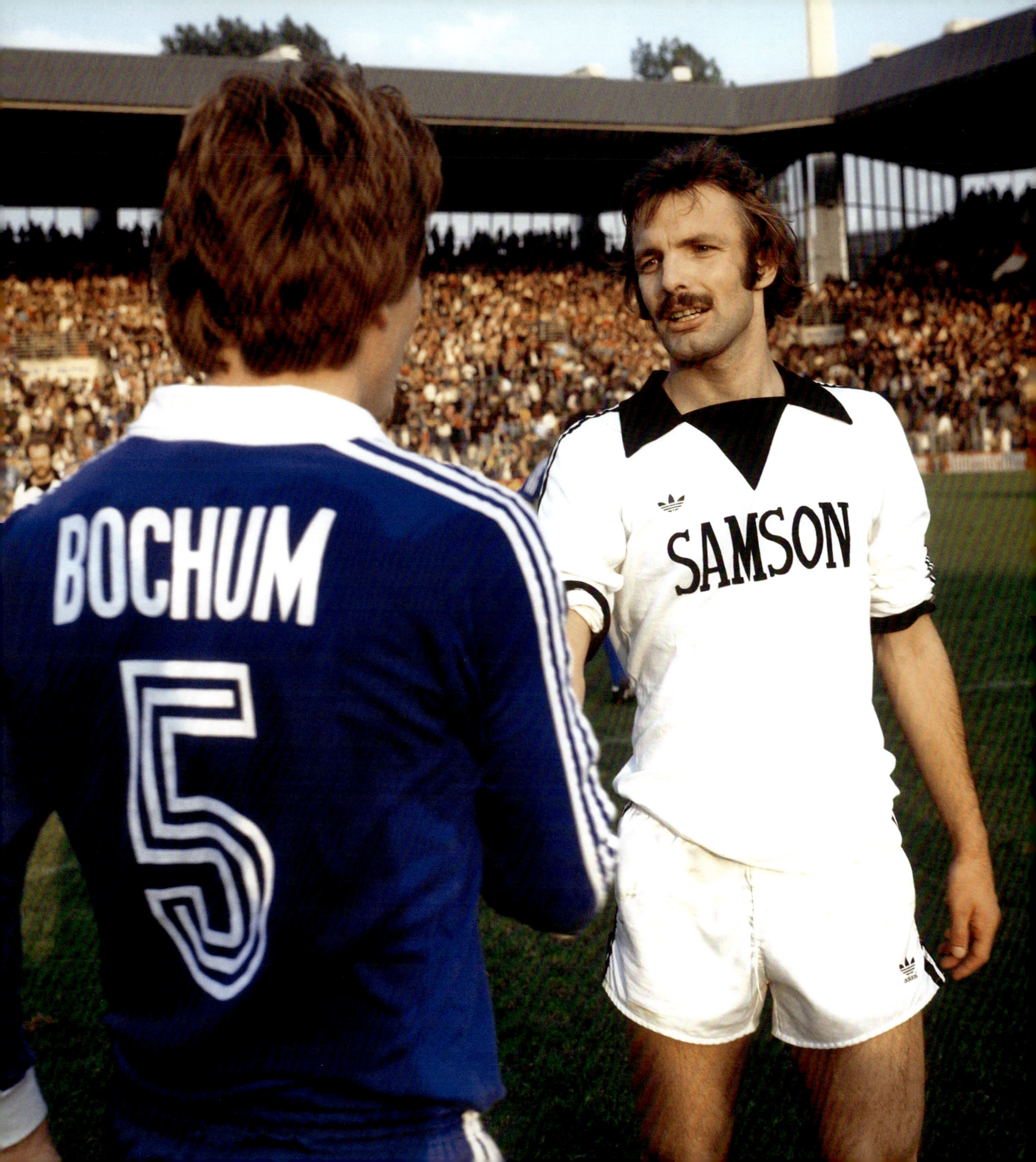
BOCHUM
5
SAMSON

Saison 1977/78

RAUSCHHAFTE NACHT

Mittwochabend, der 17. August 1977. Meisterschaftsaspirant 1. FC Köln trifft im Müngersdorfer Stadion auf den SV Werder Bremen. FC-Mittelstürmer Dieter Müller bekommt es mit Horst-Dieter Höttges zu tun. Auswärts im Weserstadion hat der Kölner Torjäger selten eine Chance gegen den »Eisenfuß«. Doch an diesem Tag ist alles anders: In der ersten Halbzeit gelingt ihm ein lupenreiner Hattrick, in der zweiten Halbzeit ein unechter. »Ich war besessen«, sagt Müller später über seinen Gemütszustand an diesem Sommertag. Als er nach 85 Minuten das 7:2 und damit den Endstand für seinen Club markiert, steht hinter sechs Toren auf der Anzeigetafel derselbe Name – »Müller«. Kein Spieler traf bis heute öfter in einem Bundesligamatch.

Saison 1982/83

OLDIE BUT GOLDIE

Auf einem Plakat im Schalker Parkstadion prangt in den 1980er-Jahren: »Der Wald stirbt, die Tanne steht«. Gemeint ist der ehemalige Bergmann Klaus »Tanne« Fichtel, der älteste Profi, der je in der Bundesliga gespielt hat. Als er am 21. Mai 1988 nach der Partie zwischen dem FC Schalke 04 und dem SV Werder Bremen seine Laufbahn beendet, ist er 43 Jahre, sechs Monate und zwei Tage alt. Bereits 1980 ist er von Schalke im Zuge einer Kaderverjüngung nach Bremen abgeschoben worden. Dort spielt er unter Otto Rehhagel vier Jahre erfolgreich als Libero, ehe er zurück nach Gelsenkirchen geholt wird – im besten Profialter von fast 40 Jahren.

»Höttges versuchte Smalltalk übers Wetter zu machen.
Das hat mich noch wütender gemacht.«

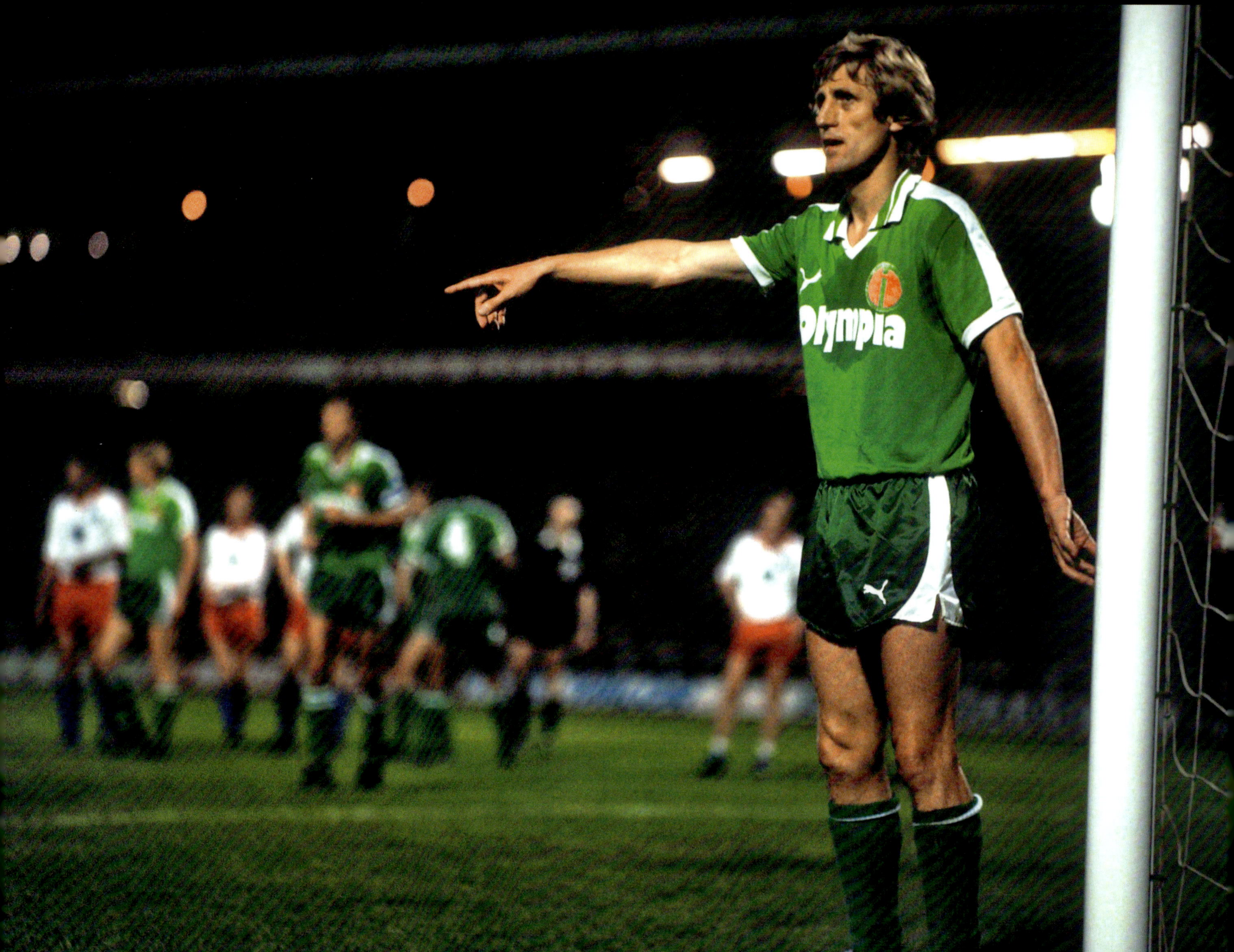
Olympia

Saison 1972/73

MEISTER ALLER KLASSEN

In der Königsdisziplin des Fußballs wird Gerd Müller für immer das Maß aller Dinge bleiben. Seine Torquote von 365 Bundesligatoren in 427 Spielen (0,85 pro Spiel) ist nicht von dieser Welt. Selbst Klaus Fischer, der mit 268 Buden ein guter Zweiter in der Torjägerliste der Liga ist, trennen von dem Mann aus Nördlingen Lichtjahre. Und so sehr es Clubbosse von sündhaft teuren Transfers im Sturmzentrum immer wieder fordern: Die Messlatte, die Müller mit seinen 40 Treffern in den 34 Spielen der Saison 1971/72 legt, hat bis jetzt noch jeder Superstar gerissen. »Alles, was der FC Bayern geworden ist«, sagt sogar Franz Beckenbauer, »verdankt er Gerd Müller.« Und der »Kaiser« muss es schließlich wissen.

> »Wenn ich drei Sekunden Zeit zum Überlegen hätte, wäre es mit meinen Toren vorbei. Ich haue halt immerzu aufs Tor.«
>
> GERD MÜLLER

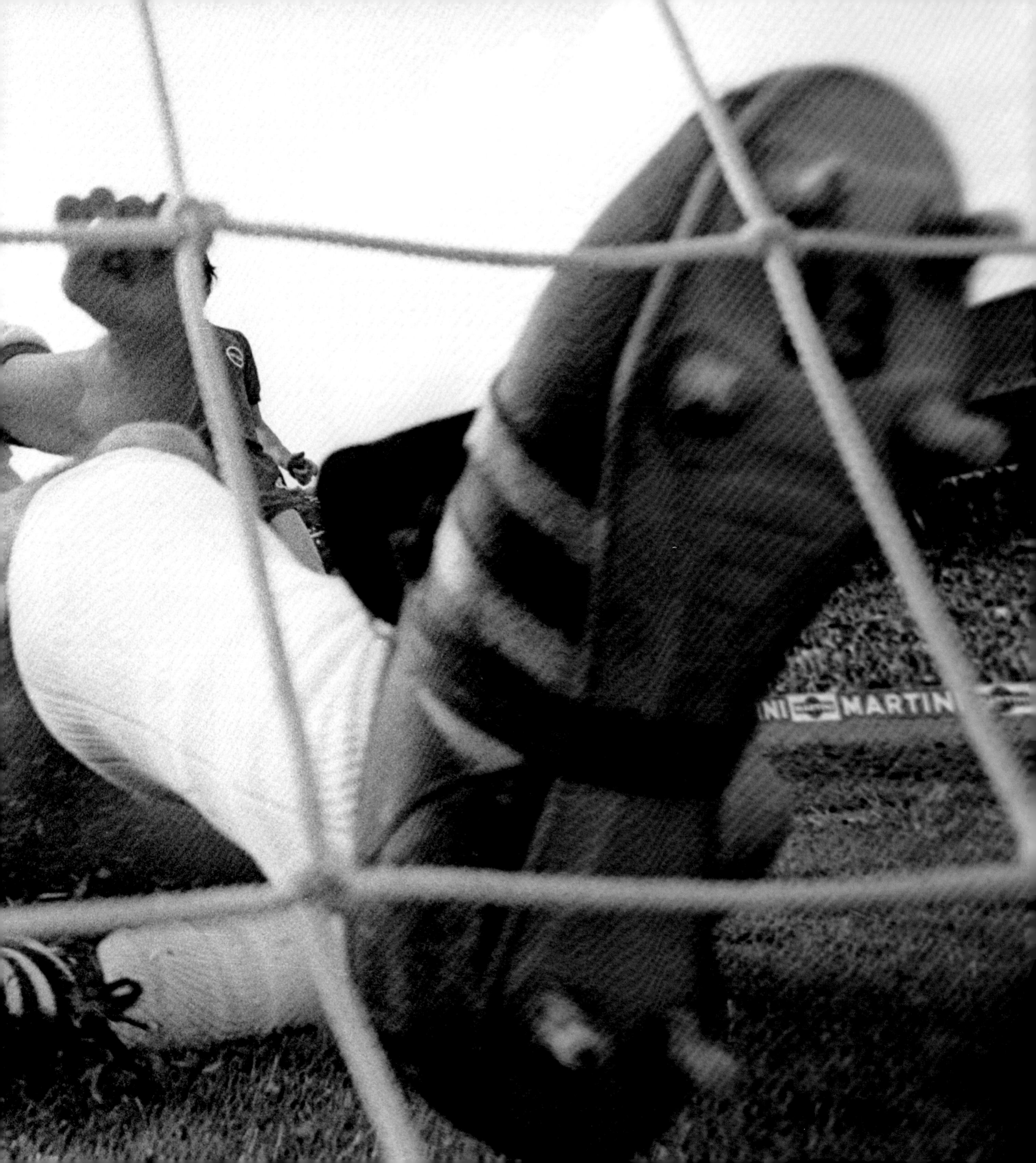
MARTIN

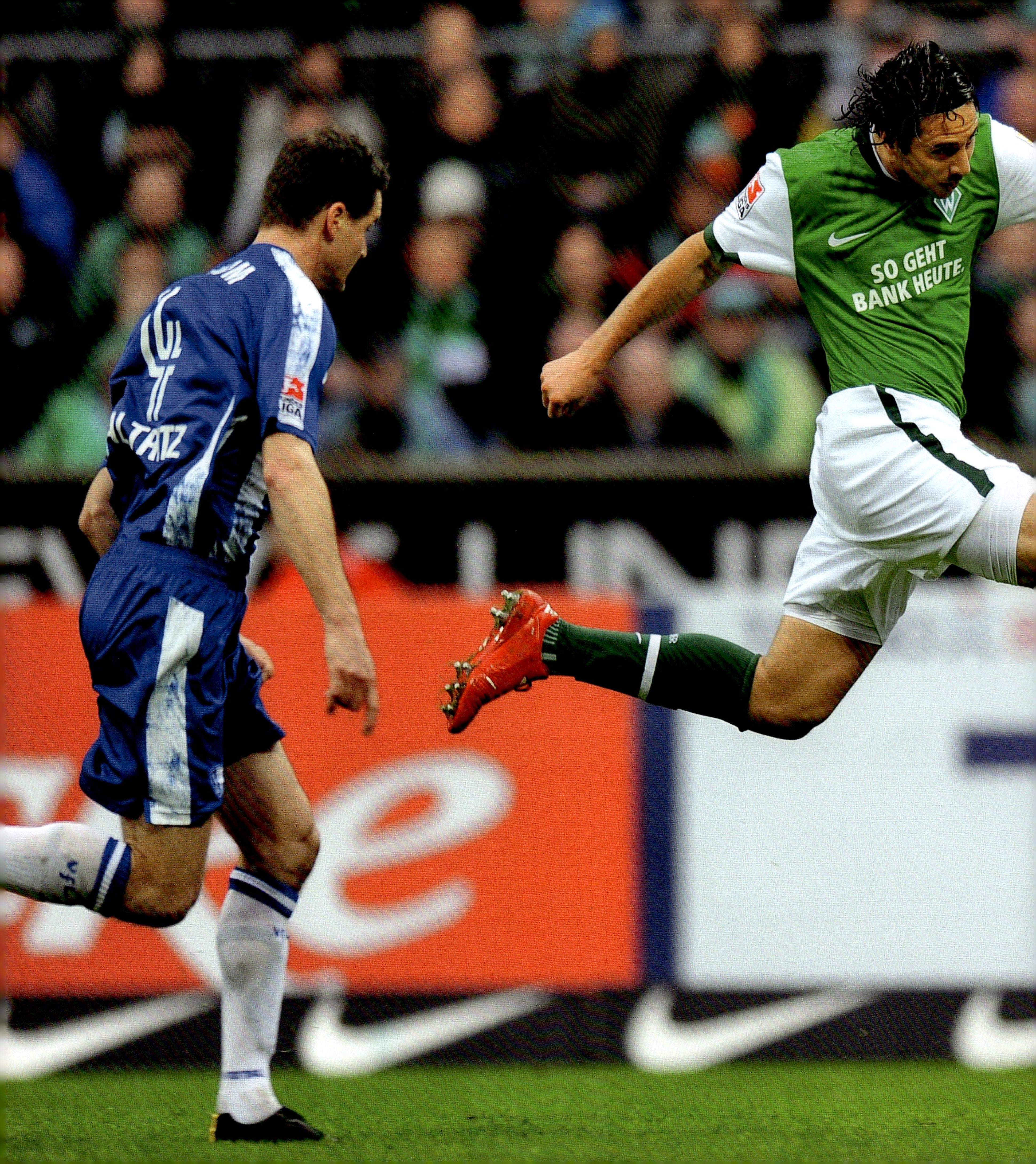
SO GEHT
BANK HEUTE.

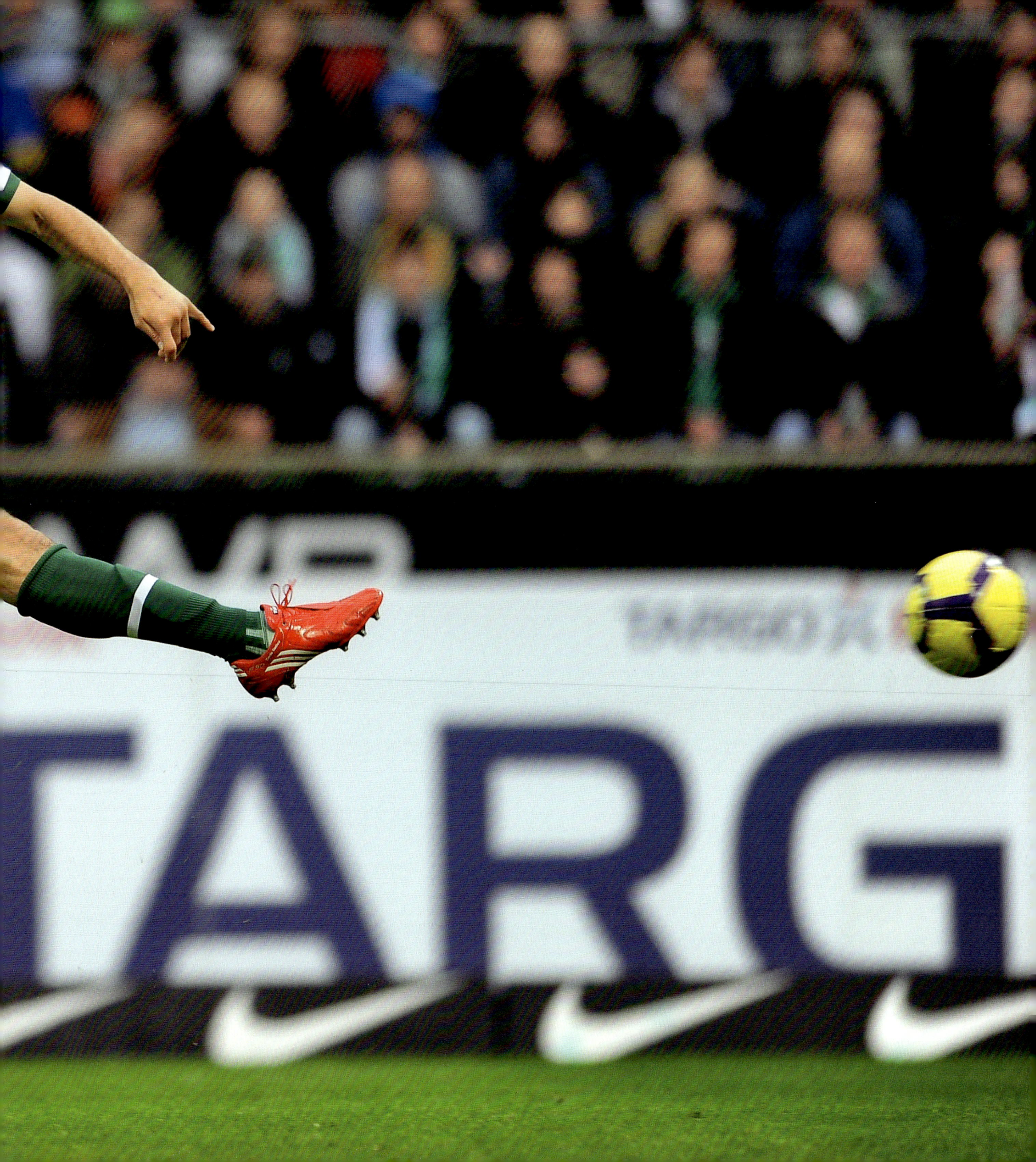

Saison 2009/2010

Saison 2000/2001

Saison 1981/82

DER PIZADIENST IST DA!
Mit einem Treffer beim 4:1-Auswärtssieg des SV Werder Bremen bei Borussia Mönchengladbach im November 2010 steigt Claudio Pizarro auf in den Olymp der Bundesliga. Mit nun 134 Treffern ist er der erfolgreichste ausländische Torjäger, der jemals in der Eliteklasse spielte. Und ein Ende ist nicht in Sicht. Der FC Bayern holt den Peruaner zur Saison 2012/2013 bereits das zweite Mal nach München, weil der Rekordmeister trotz soliden Festgeldkontos offenbar nicht auf die Dienste des inzwischen 33-Jährigen verzichten kann. Im September 2012 hat »Piza« sein Ligakonto bereits auf 160 Treffer hochgeschraubt. Und er läuft und läuft und läuft ...

DER HARTE & DER ZARTE
Zwei Typen, die unterschiedlicher kaum sein könnten: links Keeper Oliver Kahn, der unerbittliche Titan, der sein Team in der Manier einer Ein-Mann-Armada nach vorn treibt. Rechts Mehmet Scholl, der begnadete Filou im Mittelfeld, an guten Tagen für jeden Geniestreich zu haben und doch eine Spur zu sensibel für die ganz große Karriere. Beide wechselten einst vom Karlsruher SC an die Isar, jeder für sich avancierte zur Ikone des FC Bayern. Und gemeinsam teilen sie sich den Rekord als Spieler mit den meisten Bundesligameisterschaften. Beide wuchteten je achtmal die »Salatschüssel« am Marienplatz in den weiß-blauen Himmel über München.

MANN OHNE NERVEN
Manfred Kaltz hat nie viel Brimborium um sein Spiel gemacht. Seine Selbsteinschätzung lautete: »Ich würde mich als sehr bodenbeständigen Spieler bezeichnen.« Der Erfinder der »Bananenflanke« war nie ein Mann großer Worte, bei ihm zählten die Taten. 581-mal spielte er für den Hamburger SV, 60-mal trat er für den Club zum Elfmeter an, 53-mal entschied er das Duell mit dem Keeper für sich. Einsame Spitze. Sein zweiter Bundesligarekord ist weniger schmeichelhaft: Gemeinsam mit dem Verteidiger des FSV Mainz 05, Nikolče Noveski, ist Kaltz der erfolgreichste Eigentorschütze – je sechs Mal machten sich die beiden bei den Teamkollegen unbeliebt.

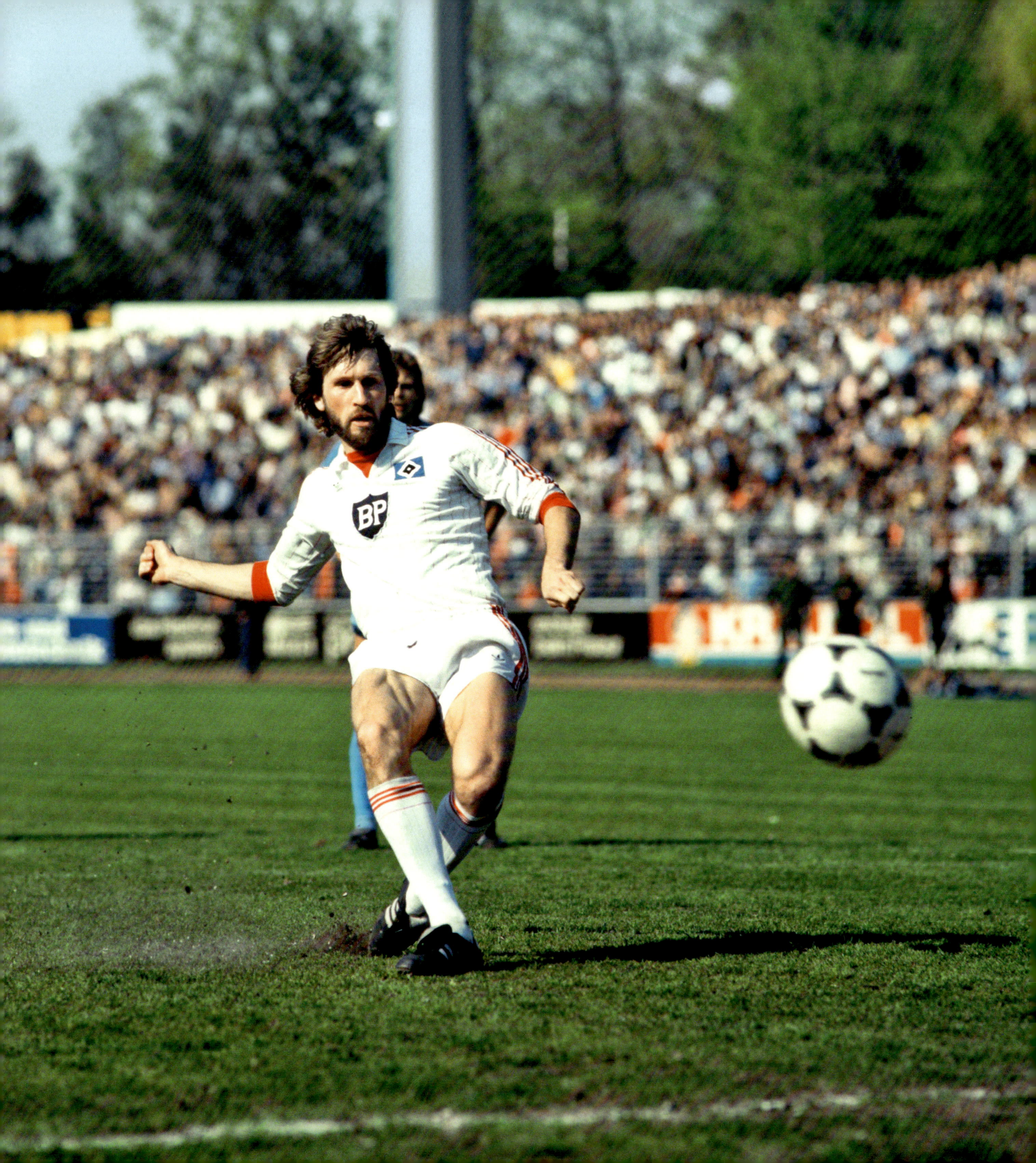
BP

FOUL! DIE DAHIN GEHEN, WO'S WEHTUT.

Geht es beim Fußball wirklich um mehr als um Leben und Tod? Hoffentlich nicht! Doch Möglichkeiten, dem Gegner mit unlauteren Mitteln das Handwerk zu legen, gibt es ohne Ende. Eine Ikonografie der Gemeinheiten.

Saison 1998/99

KARATE-KAHN
Welche Laus dem Keeper im Gipfeltreffen mit Borussia Dortmund im April 1999 über die Leber gelaufen ist, lässt sich nicht rekapitulieren. Aber irgendetwas stimmt nicht mit Oliver Kahn an diesem Frühlingstag. Das Rumpelstilzchen im Bayern-Tor sorgt binnen weniger Minuten für zwei unvergessliche Testosteron-Augenblicke. Als Heiko Herrlich, der sein Team mit zwei Treffern in Führung geschossen hat, in Kahns Strafraum herumstromert, deutet der Schlussmann in Dracula-Manier einen Biss in dessen Hals an. Dann schnappt der schlecht gelaunte Torwächter Herrlichs Sturmpartner Stéphane Chapuisat im Bruce-Lee-Gedächtnis-Gestus den Ball vor der Nase weg. Alle Beteiligten kamen mit dem Schrecken davon.

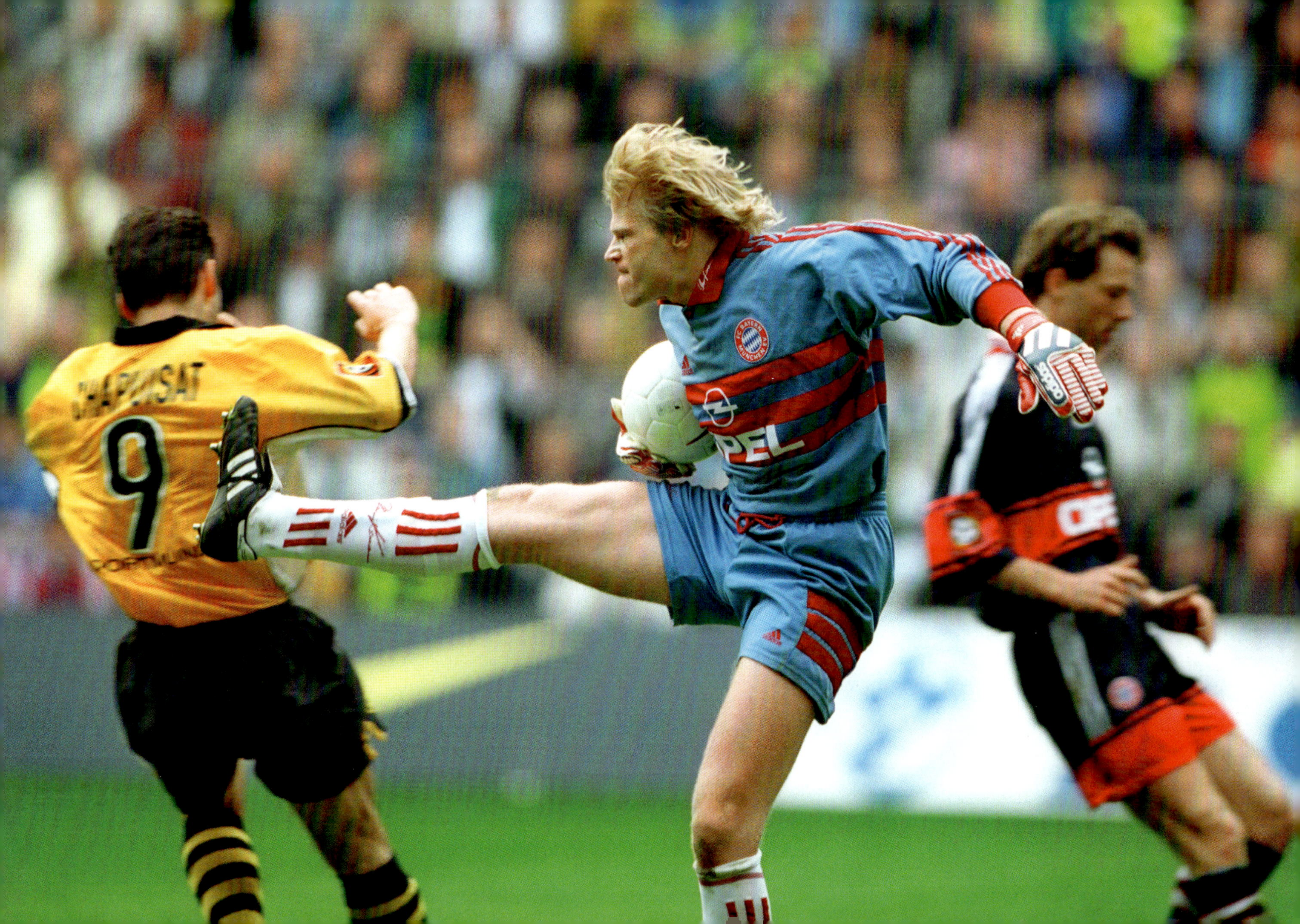
CHAPUISAT
9

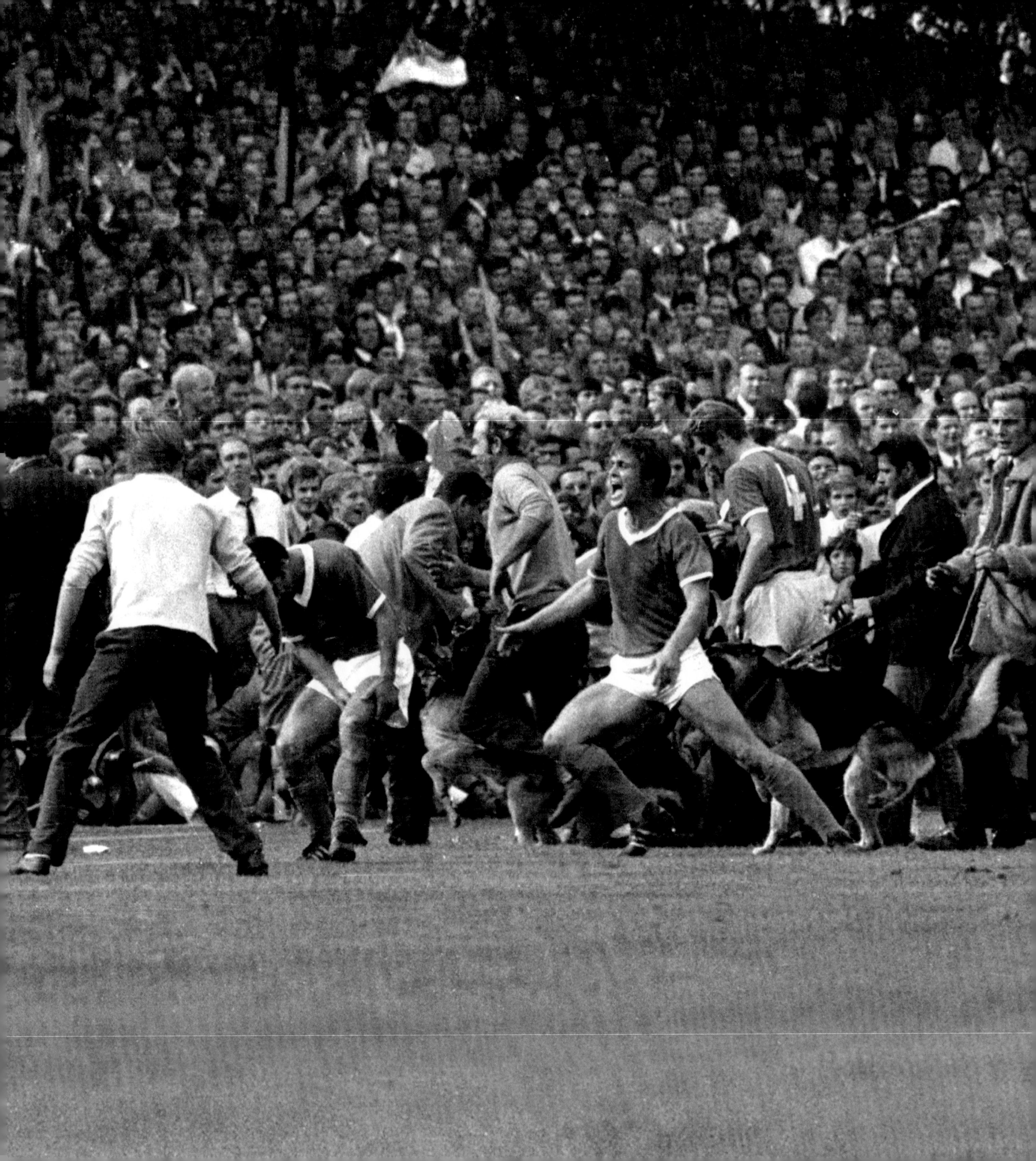

Saison 1969/70

TIERISCHER HASS

Beim Derby zwischen Borussia Dortmund und dem FC Schalke 04 brechen alle Dämme. Nach dem 1:0 für den Gast aus Gelsenkirchen rennen jubelnde Fans auf den Platz. Die Ordner lassen die Hunde auf den Anhang los. Doch die Führung der Knappen hat offenbar den Schäferhundrüden Rex wütend gemacht. Statt auf die marodierenden Zuschauer Jagd zu machen, beißt er den Schalker Profi Friedel Rausch zweimal in den Allerwertesten. Nach dem Match feixen dessen Teamkollegen: »Friedel, stell dir vor, der Hund hätte dich vorn gebissen ...« Rauschs lakonische Antwort: »Dann hätte der Köter seine Zähne verloren.« Das Ende vom Lied: Den Wachhunden der Liga wird nach dem Vorfall kollektiv der Maulkorb angelegt.

BLUTIGER SAMSTAG

Ewald Lienen ist außer sich. Wütend reckt der Bielefelder Angreifer die Faust in Richtung des Bremer Trainers Otto Rehhagel. In der 14. Minute hat sein Gegenspieler Norbert Siegmann ihm mit seinen Alu-Stollen eine 25 Zentimeter lange Wunde am Oberschenkel zugefügt. Zuvor soll Rehhagel seinem Verteidiger zugerufen haben: »Pack ihn dir.« Der friedensbewegte Lienen steht unter Schock. Mit klaffender Fleischwunde springt er nach dem Foul auf, hüpft vom Feld und will auf den Übungsleiter los. Doch es nutzt nichts: Siegmann sieht für sein Vergehen lediglich Gelb, der SV Werder gewinnt mit 1:0, und der Armine, der später sogar Klage gegen Rehhagel und Siegmann einreicht, verliert den Zivilprozess.

Saison 2005/2006

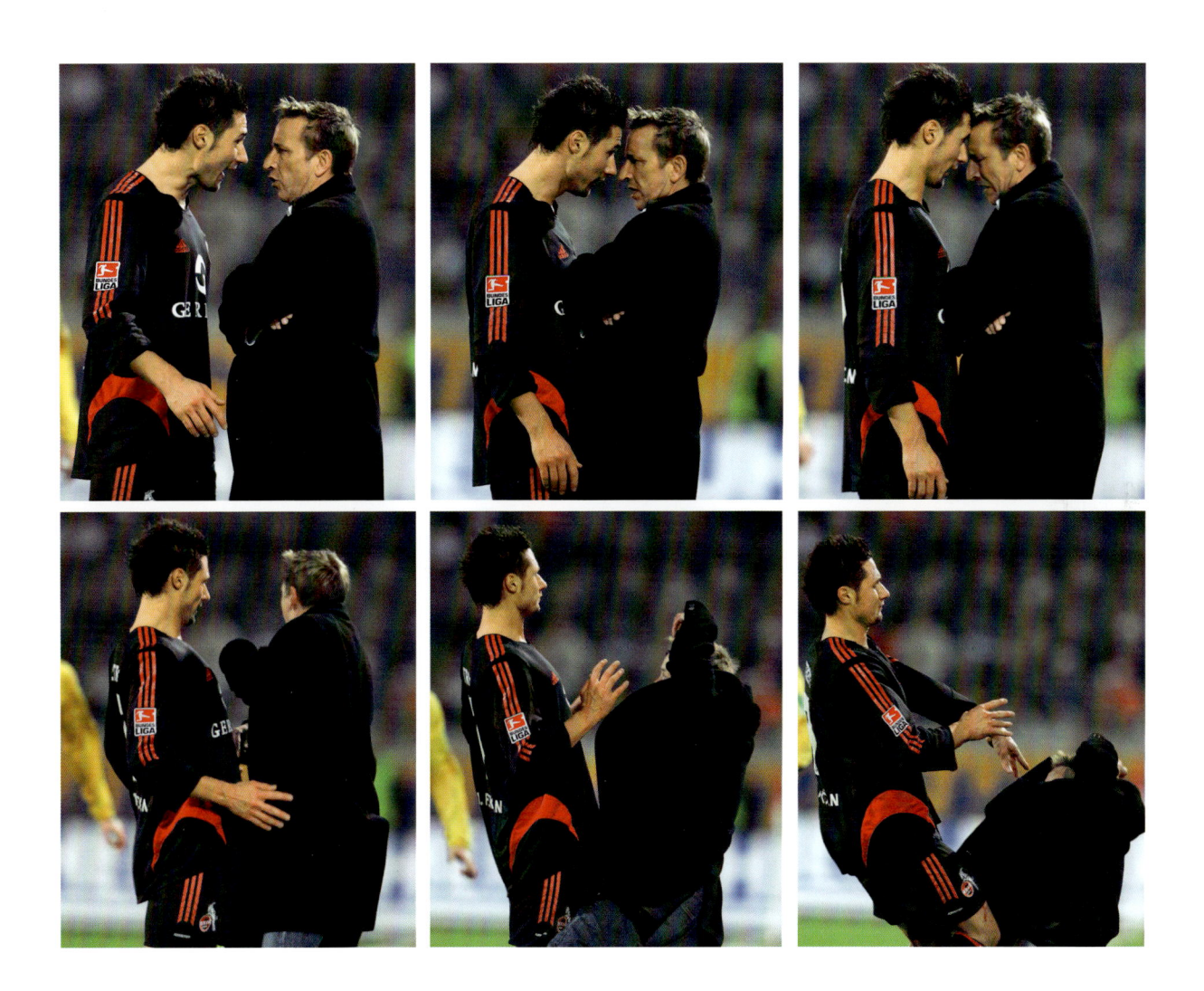

BRETT VORM KOPF

Rührstück in sechs Akten. Beim Heimspiel des MSV Duisburg gegen den 1. FC Köln im Winter 2005 kommt es an der Außenlinie zu einer Rangelei zwischen MSV-Coach Norbert Meier und FC-Profi Albert Streit. Kurz nähern sich die Stirnseiten der Zankhähne an, dann fällt erst der Übungsleiter wie vom Blitz getroffen und schließlich sinkt auch der Profi völlig erschlafft zusammen. Streit erhält für den vermeintlichen Kopfstoß einen Platzverweis. Nach Sichtung der TV-Bilder aber erlässt das Sportgericht ein dreimonatiges Berufsverbot für die Oscar-reife Vorstellung von Norbert Meier. Er verliert seinen Job in Duisburg und gibt später reuig zu Protokoll: »Die schwärzeste Stunde meines Fußballerlebens.«

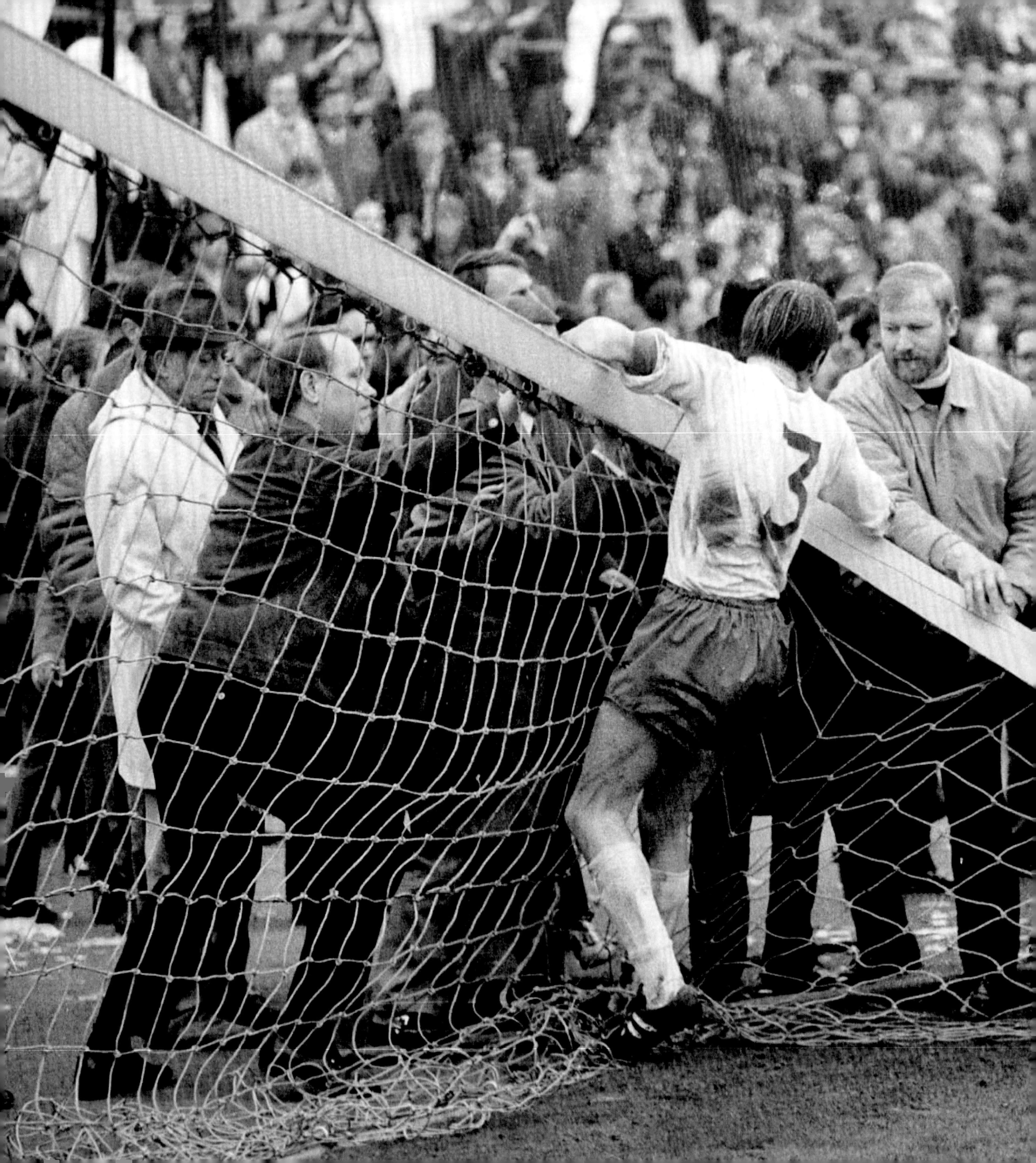

Saison 1970/71

EINBRUCH AM HELLLICHTEN TAGE
Borussia Mönchengladbach führt in der 88. Minute des Heimspiels gegen Werder Bremen mit 1:0. Eine Flanke rauscht in den Strafraum, Gladbachs Angreifer Herbert Laumen will einköpfen, doch Werder-Torwart Günter Bernard fängt den Ball ab. Laumen kann nicht mehr abbremsen und landet wie ein Fisch im Netz. Plötzlich merkt er, wie sich im morschen Gebälk des Holztores etwas regt. Der marode Pfosten bricht. In der Nordkurve des Bökelbergs gibt es zunächst Gelächter, doch bald verstummt der Mob. Denn Schiedsrichter Gerd Meuser bricht die Partie ab, und Werder wird am grünen Tisch zum Sieger erklärt. Nach dem Vorfall werden alle Holztore in der Bundesliga durch Alugehäuse ersetzt.

»Ich musste in Deckung gehen, damit ich nicht von der Latte erschlagen wurde.« **HERBERT LAUMEN**

»Die Bundes-die Oase Gedächtnis-der

liga ist nicht oder gar die kirche Gesellschaft.«

WOLFGANG HOLST, **MANAGER HERTHA BSC, 1971**

EINER GEGEN ALLE. DIE GROSSEN DUELLE.

»Die Meisterschaft ist nie ein Selbstläufer, dahinter steckt immer viel Arbeit. Sonst müsste Real Madrid jedes Jahr Deutscher Meister werden.«

Ottmar Hitzfeld

Den Verantwortlichen des FC Bayern wird gern eine gewisse Arroganz unterstellt. Aber ist das ein Wunder? Schließlich dominiert der Club seit 45 Jahren fast ohne Unterbrechung die Liga. Selbst Kritiker verstummen angesichts der Zahlen: 21 Meisterschaften in 49 Bundesliga-Spielzeiten haben die Roten aus Giesing gewonnen. Wirtschaftlich kann dem bayerischen Bullen sowieso kein Verein das Wasser reichen. Mit rund 370 Millionen Euro Umsatz jährlich ließ er auch in der Saison 2011/12 die Konkurrenz um Lichtjahre hinter sich. Der FC Schalke 04 auf Platz zwei kommt gerade einmal auf 202 Millionen Euro. Auf lange Sicht gesehen, gibt es im deutschen Fußball nur ein Duell, das nie an Relevanz verliert: alle gegen den FC Bayern München.

Siege gegen die Münchner können Fans mit fast allem versöhnen. Seit den späten 1970er-Jahren schallt bei jeder Ausnahme von der Regel ein Evergreen durch jedes Bundesligastadion: »Zieht den Bayern die Lederhosen aus«. Und die Replik der rotgesichtigen Bosse von der Säbener Straße auf derlei Schmähgesänge ist längst zur Phrase geworden: »Neid muss man sich verdienen, Mitleid kriegt man geschenkt«.

Trotzdem ist es einigen Clubs im Laufe der Jahrzehnte gelungen, die allumfassende Hegemonie zumindest vorübergehend infrage zu stellen. Bevor die Münchner zum Platzhirsch herauswuchsen, waren die Machtverhältnisse in der Liga lange ungeklärt. Der 1. FC Köln versuchte sich unter der Führung seines geschäftstüchtigen Präsidenten Franz Kremer als »Real Madrid vom Rhein« zu positionieren, reiste in Maßanzügen zu Auswärtsspielen und taugte wenigstens in den Anfangsjahren vielen Clubs als Feindbild. Dennoch gelang es dem 1. FC genauso wenig wie allen anderen Meistern der 1960er-Jahre, seinen Titelerfolg binnen kurzer Zeit zu wiederholen.

Bullen gegen Fohlen

Als der FC Bayern und Borussia Mönchengladbach zur Saison 1965/66 zeitgleich aus der Regionalliga aufstiegen, sorgte bereits dieser Umstand für Rivalität. Wer würde sich besser im Oberhaus zurechtfinden? Beide Vereine waren bei der Gründung der Liga nicht berücksichtigt worden – und litten sehr unter dieser Zurücksetzung. Nach dem Aufstieg schien der Minderwertigkeitskomplex bei beiden besondere Kräfte freizusetzen. Zusätzlich wurde die Situation durch eine Privatfehde der exzentrischen Trainer befeuert: Bayerns Coach Tschik Čajkovski war in den 1950er-Jahren Spieler unter Gladbach-Übungsleiter Hennes Weisweiler beim 1. FC Köln gewesen. Der ehrgeizige Hennes konnte nicht verknusen, dass

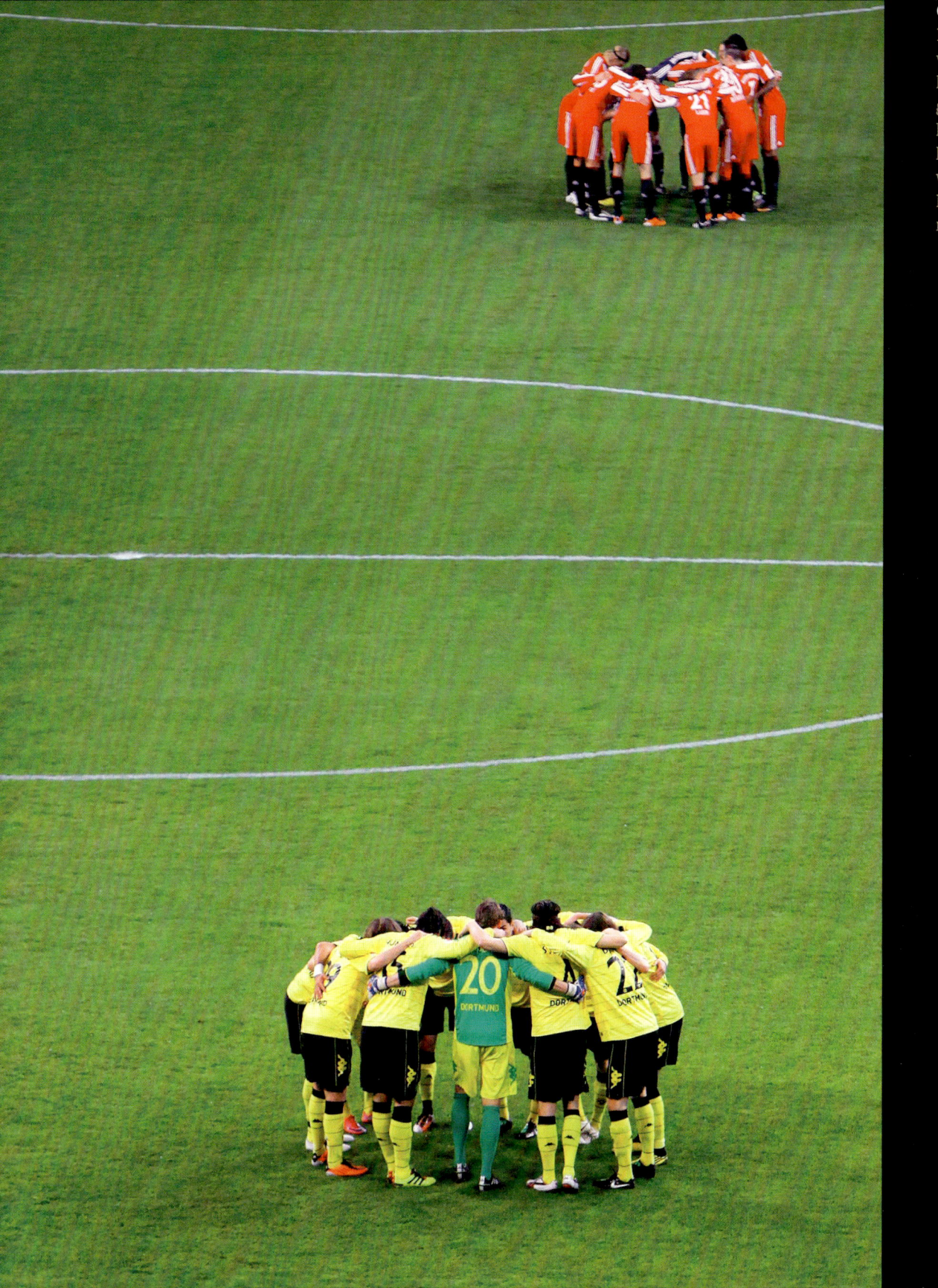

GEGNER AUF AUGENHÖHE

Das große Duell der Gegenwart nach 50 Jahren Bundesligageschichte lautet: Bayern gegen den BVB. Ein knallharter Konsolidierungskurs hat die Dortmunder Borussia wieder zu einem ernsthaften Konkurrenten des Rekordmeisters gemacht.

> »Hast du gestern den Lärm an der Säbener Straße gehört?« »Nein, was war denn?« »Die Bayern haben sich die Meisterschaft aus dem Kopf geschlagen.«

WITZ IM TITELDUELL HSV GEGEN FC BAYERN, 1982

sein schlampiger Schüler (Zitat Weisweiler: »Tschik, decken! Arschloch!«) gleich in der ersten Spielzeit mit den Bayern zehn Tabellenplätze vor seiner Elf landete und dazu noch über den Sieg im DFB-Pokal ins internationale Geschäft einzog. Später gestand er, nichts habe ihn in seiner langen Laufbahn mehr gewurmt, als dass Bayern 1969 ein Jahr vor den Gladbachern seinen ersten Ligatitel holte.

Das Duell wurde zum Mythos der Bundesligahistorie. Nie befanden sich zwei Clubs länger auf Augenhöhe, nie war der Fußball der Kontrahenten stilbildender. Die Teams bestanden fast ausnahmslos aus regionalen Talenten, die ihre Vereine nicht als Arbeitgeber, sondern als eine Art Lebensphilosophie verstanden. Am Niederrhein die coole Achse aus Berti Vogts, Günter Netzer und Jupp Heynckes. An der Säbener Straße die Phalanx um Sepp Maier, Gerd Müller und Franz Beckenbauer. Transfers gab es selten, die Gegner kannten sich, waren teilweise sogar befreundet. Und alle halbe Jahre gab es Mann gegen Mann die Gelegenheit zur Revanche. »Wenn der Gegenspieler sich im Hinspiel etwas geleistet hatte«, erinnert sich Rainer Bonhof, »wurde die Rechnung im Rückspiel beglichen. Man dachte: ›Nächsten Monat habe ich wieder den Uli Hoeneß, packen wir das Paket doch noch mal an!‹« Es ging um nicht weniger als um die Frage, welcher Fußball der bessere war: der süd- oder der westdeutsche? Neun von zehn Titeln zwischen 1969 und 1978 machten sie unter sich aus: Fünfmal triumphierten die wilden »Fohlen« mit halsbrecherischem Konterfußball, viermal die Bayern, die mit dem unter Branko Zebec erlernten Doppelpassspiel und einem ausgeklügelten Sicherheitskonzept insbesondere gegen den risikoreichen Stil des Kontrahenten erfolgreich waren. In den 1970er-Jahren konnte Borussia nie in München gewinnen.

Klassentreffen der besonderen Art

Irgendwann aber zollten die Gladbacher ihrem Standortnachteil Tribut. Das Münchner Olympiastadion mit fast 80 000 Plätzen generierte in einer Zeit, in der die Clubs den Löwenanteil ihres Umsatzes mit Zuschauereinnahmen machten, viel höhere Einnahmen als der Bökelberg mit seinem Fassungsvermögen von 35 000 Zuschauern. Wieder war es Günter Netzer, inzwischen Manager beim Hamburger SV, der sich der Vormachtstellung des FC Bayern in den Weg stellte. Netzer konzipierte an der Elbe ein Spitzenteam aus urviechhaften Charakterdarstellern wie Horst Hrubesch, Manni Kaltz, Felix Magath oder Jimmy Hartwig und setzte ihm in persona Ernst Happel ein verschrobenes Trainergenie vor die Nase, das furioses Pressing spielen ließ.

Nicht nur Netzer nahm in diesem Duell eine neue Rolle ein. Auch Uli Hoeneß war 1979 auf den Managerstuhl gewechselt und träumte davon, die Bayern zum Club der Zukunft zu machen. Auf dem Rasen manifestierten sich die Gegensätze in zwei unvergesslichen Duos. Die Münchner harmonierten, weil der unermüdliche Paul Breitner mit traumwandlerischer Sicherheit die Laufwege von Karl-Heinz Rummenigge vorausahnte und das variable Spiel von »Breitnigge« praktisch jede Taktik aushebelte. Beim HSV versorgte der offensive Rechtsverteidiger Kaltz seinen Mittelstürmer Hrubesch mit einer besonderen Art der Vorlage. Lange bevor Oliver Kahn im Stadion regelmäßig mit Südfrüchten bedacht wurde, erklärte Hrubesch, der dankbare Abnehmer, das simple Prinzip des Hamburger Angriffsspiels wie folgt: »Manni Bananenflanke, ich Kopf – Tor!«.

Einen historischen Showdown fochten beide Teams im Mai 1982 aus, als die Hamburger im titelentscheidenden Auswärtsspiel in München einen 1:3-Rückstand durch ein Tor von Horst Hrubesch in der Schlussminute noch in ein 4:3 drehten. Tags drauf machte in Hamburg ein Witz die Runde: »Hast du gestern den Lärm an der Säbener Straße gehört?« »Nein, was war denn?« »Die Bayern haben sich die Meisterschaft aus dem Kopf geschlagen.« Das wirtschaftliche Umfeld, die Fanstruktur, die lange Tradition nährten die Hoffnung, HSV gegen FCB könne langfristig zum Klassiker der Liga avancieren. Doch Fehleinkäufe und Ränkespiele in der Führungsetage der Hamburger beendeten solcherlei Fantasien jäh. Netzer verließ Hamburg, Hoeneß aber blieb in München.

HSV-Außenverteidiger Bernd Wehmeyer wusste nicht, wie Recht er hatte, als er in der Nacht des Gewinns des Landesmeistercups 1983 in Athen zu Protokoll gab: »Eigentlich müsste ich meine Fußballstiefel in die Ecke schmeißen. Mehr Erfolge kann eine Saison nicht bringen. Schöner wird's nie mehr.«

Bazis gegen Fischköppe

Während sich die Auseinandersetzungen zwischen Hamburgern und Münchnern weitgehend auf den Rasen beschränkten, wuchs sich das Duell der Bayern mit dem SV Werder Bremen zu einem handfesten Mehrfrontenkrieg aus. Otto Rehhagel hatte die Bremer nach dem Wiederaufstieg zu einer verschworenen Gemeinschaft gemacht. Sein Führungsstil als »demokratischer Diktator« bewirkte, dass sich die Spieler sektenartig der Zielsetzung des Disziplinfanatikers unterwarfen und er vielen als Ersatzvater diente, der jede Form von Einflussnahme von außen zu unterbinden suchte.

Eine Intimfeindschaft unterhielt Rehhagel zum Coach der Bayern, Udo Lattek, dessen zahllose Erfolge dem Malermeistersohn ebenso suspekt waren wie dessen Motivationswerkzeug, Spieler in Krisenzeiten als teambildende Maßnahme auch einmal auf Sauftour zu schicken. Der Bremer Sportpsychologe Fritz Stemme sagte 1987, nachdem Werder zum dritten Mal in Folge im Titelrennen gegenüber den Münchnern den Kürzeren gezogen hatte: »Rehhagel fühlte sich Lattek unbewusst immer unterlegen, und das hat sich auf beide Mannschaften übertragen. Werder hat immer vor den Bayern gezittert.« Einen Eindruck, wie groß dieser Respekt war, bekamen die Zuschauer am 22. April 1986, dem vorletzten Spieltag. Seit Saisonbeginn hatten die Bremer fast ohne Unterbrechung die Tabellenspitze innegehabt. Udo Lattek hatte mit seinen Spielern zwei Tage vor dem Match einen medienwirksamen Ausflug in einen Biergarten gemacht, nicht nur um den Druck von seiner Elf zu nehmen, sondern auch um Gegner Rehhagel zu signalisieren, wie wenig Respekt er vor dem entscheidenden Auswärtsspiel hatte. Das Konzept ging auf: Als Referee Volker Roth in der 77. Minute beim Stand von 0:0 auf Elfmeter entschied, setzte Bremens Michael Kutzop, sonst ein todsicherer Schütze, den Ball an den Pfosten. Es sollte weitere zwei Jahre dauern, ehe Rehhagel das ersehnte Ziel erreichte und den SV Werder endlich zur Meisterschaft führen konnte.

Ein Vermächtnis dieses Nord-Süd-Konflikts aber blieb die lebenslange Antipathie der beiden Manager. Der barocke Oberschwabe Hoeneß und der asketische Holsteiner Willi Lemke, das wollte einfach nicht passen. Der Bayern-Manager sprach von seinem Pendant als einem »der größten Opportunisten in dem Geschäft«, den er »hassen« gelernt habe. Lemke wiederum attestierte Hoeneß »eine Arroganz, die nicht zu überbieten ist« und sagte noch 2011 über den Mann, der für ihn nur der »Bratwurst-König« ist: »Kein Mensch der Welt hat mich über

> »Der Nikolaus war noch nie ein Osterhase. Am Ende wird der FC Bayern wie immer oben stehen.«
>
> Uli Hoeneß zur Bremer Herbstmeisterschaft 2007

WER GIBT?
Am 7. April 2001 dokumentiert Schiedsrichter Hartmut Strampe die aggressive Rivalität in der Partie zwischen dem BVB und dem FC Bayern (Endstand 1:1) auf seine Weise: Er verteilt 13 Karten, zeigt zehnmal Gelb, einmal Gelb-Rot und zwei rote Karten.

fast drei Jahrzehnte so niedergemacht wie er. Keiner hat so dreiste Sprüche Richtung Bremen geschickt wie er.«.

Kein Wunder, dass der dickköpfige Bayern-Boss nichts unversucht ließ, seinem Intimfeind den Erfolgstrainer abspenstig zu machen. Im Jahre 1995 konnte Otto Rehhagel nach zwei Meistertiteln mit Werder der Versuchung nicht mehr widerstehen. Er wechselte nach 14 Jahren an die Isar – und landete dort nach nur zehn Monaten als Bettvorleger. Das Geheimbündlerische und die Selbstherrlichkeit von »König Otto« waren nicht in Einklang zu bringen mit dem mondänen Lebensgefühl beim Rekord-

meister. Obwohl der SV Werder danach nie mehr längerfristig zu den Münchnern aufschloss, geht Uli Hoeneß bis heute keinem Scharmützel mit den Bremern aus dem Weg. Als Werder im Herbst 2007 ausnahmsweise wieder mal an der Tabellenspitze stand, ätzte er im »Abteilung Attacke«-Stil: »Die Bremer sollen da ruhig bis Weihnachten bleiben. Aber der Nikolaus war noch nie ein Osterhase. Am Ende wird der FC Bayern wie immer oben stehen.«.

»FC Hollywood« gegen »Borussia Größenwahn«

Waren die Teams der Bayern und Gladbacher in den 1970er-Jahren noch das Produkt vortrefflicher

Jugendarbeit, wurden Triumphe zunehmend zum Produkt eines personellen Wettrüstens. Die Kommerzialisierung machte die Bundesliga zur Mehrklassengesellschaft, in der nur noch finanzstarke Clubs um den Titel spielen konnten. Vereine wie Borussia Dortmund etwa, das unter Trainer Ottmar Hitzfeld den Weg zurück auf die europäische Fußballlandkarte fand. Die Marschroute von Präsident Gerd Niebaum und Manager Michael Meier lautete, das eingespielte Geld im Interesse des Erfolges in Transfers zu reinvestieren – anfangs sehr gezielt, später zunehmend wahllos.

Mitte der 1990er-Jahre verfügte der BVB mit Matthias Sammer, Andreas Möller und Karl-Heinz Riedle über ein gefürchtetes Topteam, das 1994 und 1995 zweimal den Titel holte. Das konnte Uli Hoeneß nicht auf sich sitzen lassen. Vor dem Hintergrund eines soliden Festgeldkontos puzzlete er immer neue Starensembles und geriet in den Ruf, alle namhaften Spieler der Liga zusammenzukaufen, nur damit die Konkurrenz sie nicht bekäme. Als Dortmund 1997 sogar die Champions League gewann, wurden die Spiele gegen den gekränkten Rivalen aus Bayern zunehmend hitziger. In vorderster Front kämpfte die Ein-Mann-Armee im Kasten des FCB, Oliver Kahn. Gleich zwei Ausraster gegen BVB-Akteure wurden zu Ikonen der Ligageschichte: Kahns angetäuschter Karatetritt gegen Stéphane Chapuisat und sein Versuch, Heiko Herrlich einen Knutschfleck zu verpassen.

Dummerweise vernebelten die Erfolge der Dortmunder Führung zusehends die Sinne. Während an der Säbener Straße Hoeneß trotz hoher Ausgaben auch die Renditen nach oben trieb, investierten die Westfalen nach dem Weggang von Ottmar Hitzfeld immer orientierungsloser, fast als fürchteten sie sich vor dem grausamen Turkey des Misserfolgs. Als der BVB im Oktober 2000 an die Börse ging, ahnte Uli Hoeneß schon, dass die Luft in Westfalen eng werde. Bezogen auf die Aktie ließ er verlauten: »Ich habe 5000 davon. Meine Frau hat sie gekauft. Ich wollte einfach mal schauen: Wie funktioniert so eine Aktie eines Fußballvereins? Bis jetzt habe ich viel Geld damit verloren.« Obwohl die Borussia mit dem Börsengang 130 Millionen Euro netto erlöste, mussten Niebaum und Meier im Frühjahr 2005 ihre Posten räumen. Der BVB hatte unter ihrer Führung fast 100 Millionen Euro Schulden angehäuft. Die Insolvenz konnte erst im letzten Moment abgewendet werden.

Renaissance von Schwarz-Gelb

Seither gewinnt der FC Bayern in regelmäßigen Abständen seine Titel. Und wenn nicht, ist an der Säbener Straße der Teufel los – und der Vorstand genehmigt noch einen zweistelligen Millionenbetrag für Einkäufe. Damit so etwas nicht wieder passiert.

In Dortmund haben die Verantwortlichen aus dem Beinahe-Kollaps gelernt. Trainer Jürgen Klopp baute ab 2008 eine junge Mannschaft auf, in der etliche Spieler aus der eigenen Jugend in den Rang von Topstars aufstiegen. Sein Konzept, mit extremer Laufbereitschaft, frühem Pressing und blitzartigem Umschalten nach der Balleroberung die Gegner schwindelig zu spielen, verfeinerte der Trainer mit den unbekümmerten Youngstern bis zur Perfektion. 2011 wurde der BVB mit der jüngsten Mannschaft seit Bundesligagründung (24,4 Jahre) Meister und ließ einer Weltauswahl aus München (u. a. Arjen Robben, Franck Ribéry, Anatoliy Tymoshchuk, Mario Gomez) keine Chance.

Ein weiterer Leitsatz bei den Bayern lautet, das Kunststück sei nicht, an die Spitze zu kommen, sondern oben zu bleiben. Klopps BVB nahm es sich zu Herzen und wiederholte das Meisterstück im Jahr darauf. Mit acht Punkten Vorsprung auf schnappatmende Münchner. Einst waren die Dortmunder in dieser Konkurrenz die Unterlegenen, weil sie nicht verstehen wollten, dass Geld oft, aber längst nicht immer Tore schießt. Sie haben ihre Lektion gelernt. Die jüngsten Titel der Westfalen sind auch der Triumph fußballerischer Leidenschaft über alle Gesetzmäßigkeiten der Betriebswirtschaft. Bei den Feierlichkeiten spürte man, dass Klopps Spieler für den Club durchs Feuer gehen würden. So wie einst die Gladbacher Fohlen.

Der »BVB 2.0« hat die Bayern zu einem erneuten Duell gefordert. Wieder geht es um die Hegemonie in der Bundesliga, die schon so viele wollten. Und wieder fragen sich alle: Ist es der Beginn einer neuen Ära?

»Wir kaufen keine Aktien von Fußballvereinen, obwohl Dortmund ein Übernahmekandidat wäre. Die Aktien sind auf den halben Wert gesunken, und die haben immerhin ein schönes Stadion.«

Karl-Heinz Rummenigge, FC Bayern

Saison 1971/72

KAISER & EDELMANN
Günter Netzer und Franz Beckenbauer begrüßen sich zum inoffiziellen Finale um die Deutsche Meisterschaft, die Borussia Mönchengladbach und der FC Bayern München in den 1970er-Jahren weitgehend unter sich ausmachen. Die langen Pässe des Gladbachers und die lässige Eleganz des Münchners machen die Spiele zwischen den beiden Kontrahenten zu sportlichen Höhepunkten der Ligageschichte. Auch privat treffen sich die beiden auf Augenhöhe. Nur einmal gibt es Ärger: Als Netzer dem »Kaiser« seinen Jaguar E-Type verkauft, stellt Lebemann Beckenbauer erzürnt fest, dass ihm der britische Sportwagen viel zu unbequem ist. Er veräußert das Auto daraufhin an einen weiteren Begnadeten: den Kölner Wolfgang Overath.

> »Kopfball war für mich immer so etwas Ähnliches wie Handspiel.«
>
> **GÜNTER NETZER**

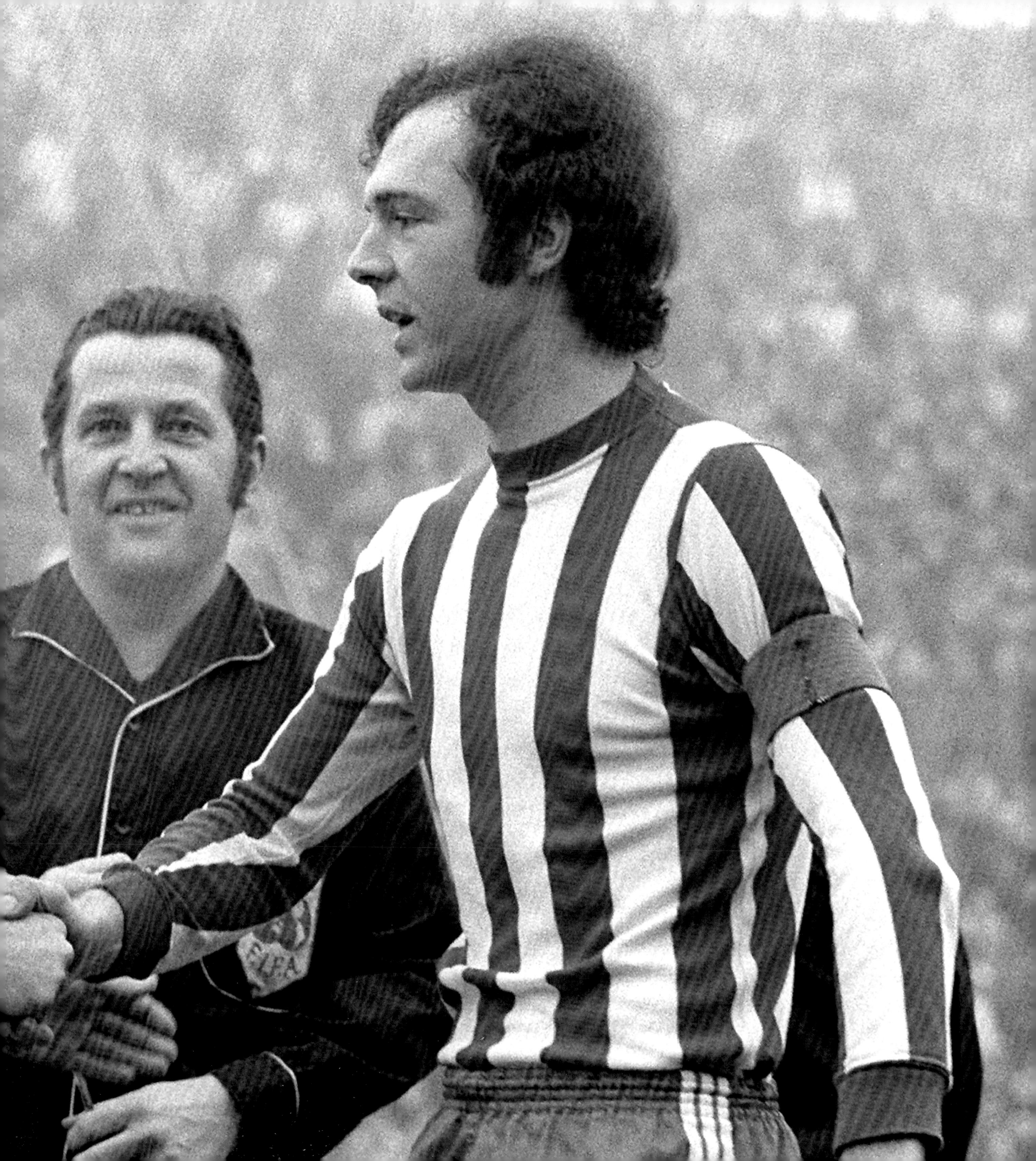

Saison 1978/79

MENSCHEN, MONSTER, MUTATIONEN

Ein Gespenst geht um im Münchner Strafraum. Der Hamburger Jimmy Hartwig und Udo Horsmann (v. l.) bleiben vorsorglich auf Sicherheitsabstand. Klaus Augenthaler (2. v. r.) scheint wie im Sog Richtung Zwischenzeit zu driften. Und Sepp Maier stehen die Haare zu Berge im Angesicht von Kopfballungeheuer Horst Hrubesch. Nicht nur der lange Stürmer bereitet den Münchnern in dieser Phase Kopfzerbrechen. Der Hamburger SV ist Ende der 1970er-Jahre zu einer echten Spitzenmannschaft gereift. Das Winterduell im Olympiastadion entscheiden die Hanseaten mit 1:0 für sich – und auch am Ende der Saison steht die Elf von Branko Zebec vor den Bayern an der Tabellenspitze.

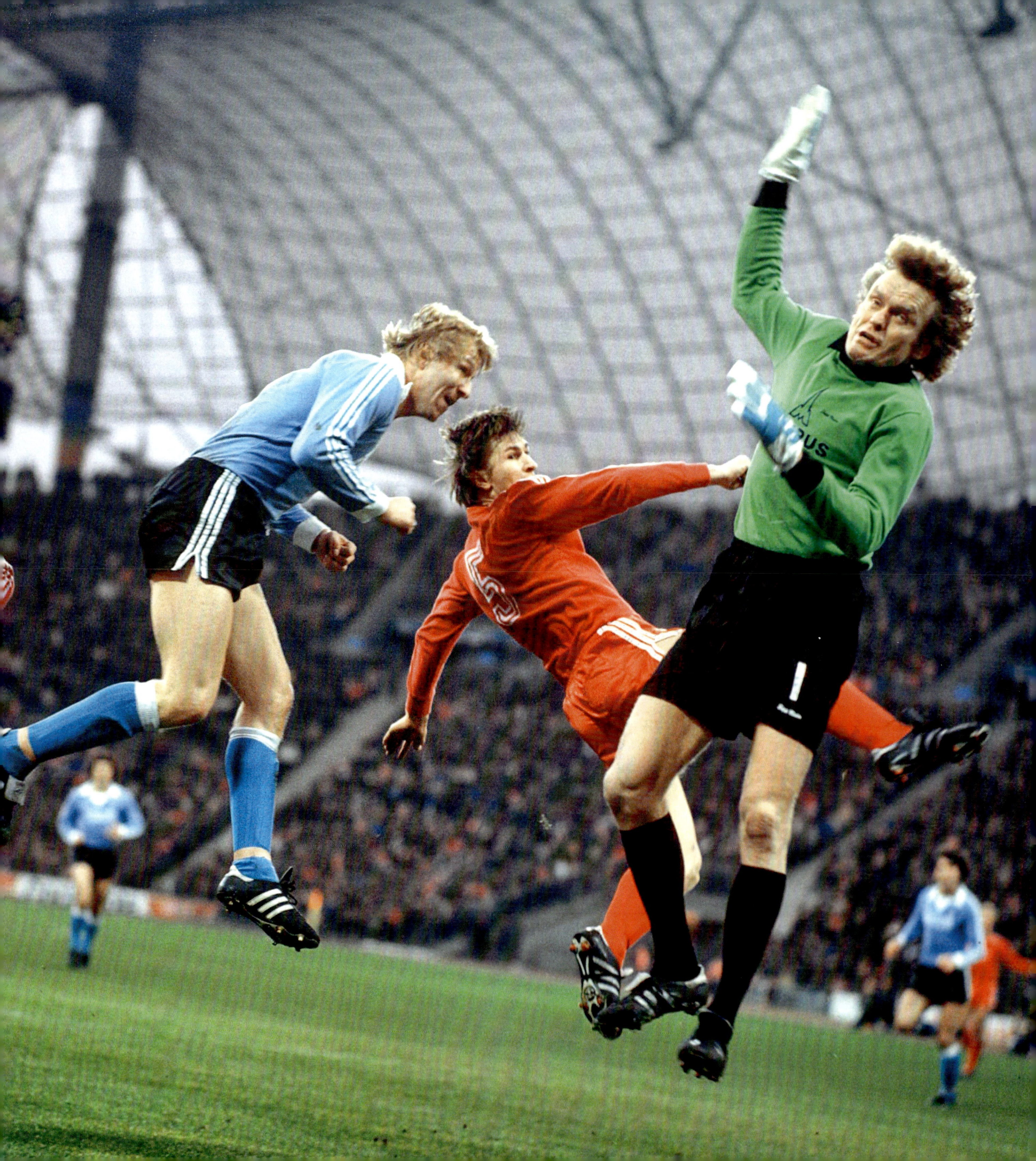

Saison 1986/87

ROSEN IM ASPHALT
Bei Andreas Brehme und Jonny Otten scheint nicht angekommen zu sein, dass sich der FC Bayern und der SV Werder Mitte der 1980er-Jahre spinnefeind sind. Bei einem Vorbereitungsturnier begegnen sich die beiden Defensivspezialisten in trauter Harmonie. Doch der Schein trügt: In den Jahren 1985, 1986 und 1987 gelingt den Bayern der Titel-Hattrick unter Udo Lattek. Dessen Intimfeind Otto Rehhagel auf Bremer Seite kocht derweil vor Eifersucht. Doch der Bayern-Coach heizt die ohnehin schon kokelnde Stimmung weiter an: »Rehhagel hat seine Komplexe, ich habe studiert. Ich bin auch ein Bauernjunge. Was ist, verdammt noch mal, schlecht daran, wenn man wie er Anstreicher gelernt hat?«

»Haste Scheiße am Fuß, haste Scheiße am Fuß!«
ANDREAS BREHME

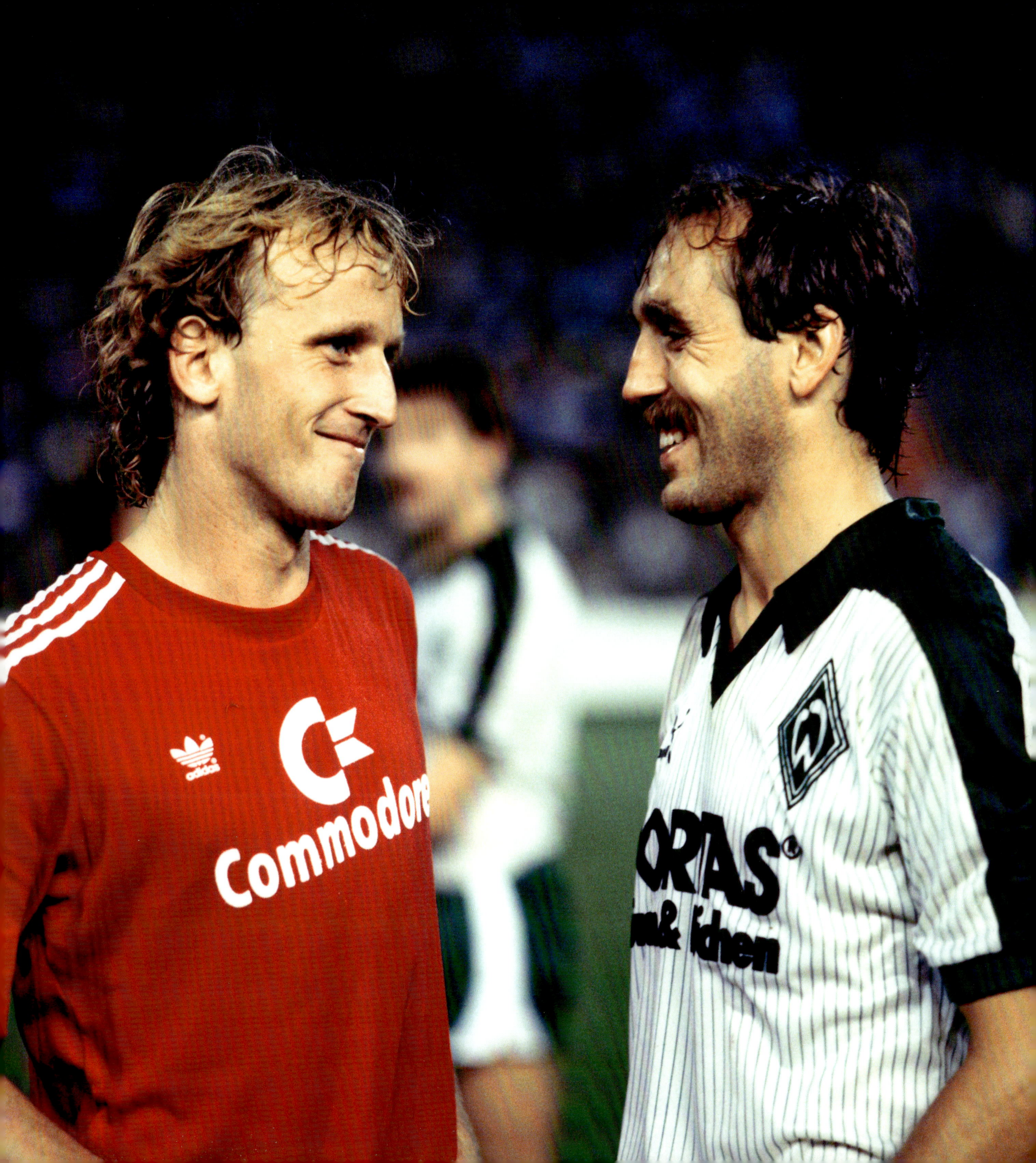

Saison 2001/2002

WENN DER BALL RUHT
Nach dem Terroranschlag auf die Twin Towers in New York versammeln sich die Spieler von Schalke 04 und Borussia Dortmund vor dem Revierderby zur Gedenkminute am Mittelkreis. Fünf Tage ist es her, dass dem Angriff auf das New Yorker Bankenviertel mehr als 3000 Menschen zum Opfer gefallen sind. Im Schatten dieser Katastrophe menschelt es im sonst so umkämpften Duell zwischen »Lüdenscheid-Nord« (Schalke-Fans über den BVB) und »Herne-West« (Dortmund-Anhänger über den FC Schalke 04) in der ausverkauften Arena AufSchalke. Und der Fußball wird zur Nebensache.

VICTORIA
e-on
19
10
Böhme
8
Schalke
KOLLER
8
DORTMUND
KOHLER
5
RICKEN
18
DEDE
17
3
10

MIT DEM RECHENSCHIEBER. GALERIE DER BUNDESLIGAMANAGER.

Sie sind die Architekten der Bundesliga. Jonglieren mit Geld, suchen nach Talenten und befeuern die Emotionen. Nicht immer gelingt ihnen der Bau großer Teams, doch ohne sie wäre die Spielklasse um einige Attraktionen ärmer.

ABTEILUNG EHRLICHE HAUT

Als Uli Hoeneß 1979 verletzungsbedingt seine Profikarriere beenden muss, ahnt niemand, dass der 27-Jährige den FC Bayern fortan als Manager zum globalen Markenprodukt umbauen wird. Nach außen gibt er gern den Kettenhund, der Konflikte mit anderen Vereinen öffentlich verhandelt und den FCB als Lokomotive vor dem Bundesligazug interpretiert. Intern aber gilt Hoeneß als menschlicher Patriarch, auf dessen Wort Verlass ist. Den FC Bayern organisiert er wie eine Familie, viele verdiente Profis gliedert er nach der Karriere in neuer Funktion in den Club ein. Und auch für den Plausch mit der Reinigungskraft (nach einem Spiel im Ligapokal 2007) hat der Wurstfabrikant aus Ulm immer Zeit.

Saison 2001/2002

MR. VIZEKUSEN

Reiner Calmunds Leitspruch als Manager von Bayer Leverkusen lautet: »Nicht die Großen fressen die Kleinen, die Schnellen fressen die Langsamen.« Auch wenn der bekennende Stressesser optisch nie den Eindruck macht, flink auf den Beinen zu sein, gelingen ihm in seiner Amtszeit zwischen 1988 und 2004 etliche Coups. So lotst der gemütliche »Calli« mit viel Cleverness – und großzügig bezuschusst vom Bayer-Konzern – Stars wie Rudi Völler oder Bernd Schuster in die rheinische Provinz. Eine Meisterschaft ist der Frohnatur indes nicht vergönnt. Auf dem Foto bedankt er sich im Mai 2002 tränenden Auges für die Unterstützung der Fans bei der vierten Vizemeisterschaft seit 1997.

Saison 1981/82

DER SCHÖNE RUDI

Als ihn eine Zeitschrift fragt, ob ihm die Beziehung zu TV-Schauspielerin Simone Thomalla oder zu Schalke wichtiger sei, antwortet er: »Würde mich immer für Schalke 04 entscheiden.« Dass er als Aktiver mit Schalkes Rivalen Borussia Dortmund den Europacup gewinnt, beeinträchtigt Assauers Liebe zu den Knappen nie. Nach einem vorübergehenden Manager-Engagement auf Schalke in den 1980er-Jahren formt er ab 1993 die langjährige Chaos-Adresse dann sukzessive zum Spitzenclub. Trotz seines Macho-Gehabes und der obligatorischen Zigarre gilt er als Mann des Volkes, der lange Jahre in unmittelbarer Nachbarschaft zum Stadion wohnt. 2006 tritt Assauer nach internen Querelen mit dem Vorstand zurück. 2012 wird bekannt, dass er an Alzheimer erkrankt ist.

»Über Trainer rede ich nicht in der Öffentlichkeit. Es sei denn, ich stelle einen ein oder schmeiße ihn raus.«

RUDI ASSAUER

DER DOPPELAGENT
Nach dem Titelgewinn 1993 lässt auch Asket Willi Lemke mal fünf gerade sein und springt dem Abwehrrecken Manfred Bockenfeld auf den Schoß. Didi Beiersdorfer und Klaus Allofs (r.) finden's witzig. Nach 1981 prägt SPD-Politiker Lemke als Partner von »König Otto« Rehhagel das Image von Werder Bremen als sympathischer Underdog und Erfolgsclub der anderen Art. Später wird bekannt, dass er in den 1970er-Jahren als Doppelagent für den KGB und den Verfassungsschutz gearbeitet hat. Seinem guten Ruf als norddeutscher Gegenentwurf zum Bayern Uli Hoeneß kann das nichts anhaben. Auch nach dem Abgang von Rehhagel 1995 bleibt er noch vier Jahre Manager des Clubs, ehe er in die

Saison 1976/77

EIN GENTLEMAN BITTET ZUR KASSE
Der Sohn eines Lübecker Fregattenkapitäns passt nicht so recht ins seeferne Mönchengladbach. Doch unter Helmut Grashoff wird die Borussia in den 1970er-Jahren eine der aufregendsten Adressen im europäischen Fußball. Grashoffs Manager-Credo, ein Verein dürfe nie mehr ausgeben als einnehmen, verhindert nicht, dass seine Transfers die halbe Hall-of-Fame der Bundesliga bestücken könnten. Bei ihm unterschreiben unter anderem Günter Netzer, Allan Simonsen, Rainer Bonhof, Uli Stielike oder Lothar Matthäus Verträge, bevor sie Stars werden. Ab 1962 führt der Pfeifenraucher die Geschicke des Clubs, ehe ihn der Vorwurf, er spare die Borussia kaputt, 1991 zum Rücktritt veranlasst.

»Manche Vereine sparen und drehen die Mark zweimal um. Bei Werder wird sogar jeder Pfennig geröntgt!« WILLI LEMKE

UNAB- UND ABSTEIGBAR. KELLERKINDER UND GRAUE MÄUSE.

Wenn Sieger strahlen, verschwinden die Unterlegenen oft im Halbschatten. Doch auch im Unterbau der Liga kämpfen die Vereine um ein kleines Stück vom Glück. Von Eintagsfliegen und solchen, die nicht totzukriegen sind.

Saison 1977/78

GRAUE MÄUSE, BLAUES FELL

Nachdem der VfL Bochum im Jahre 1971 in die Bundesliga aufgestiegen ist, kämpft er beharrlich um den Klassenerhalt. 22 Jahre lang trotzt der Ruhrpottclub erfolgreich allen Gesetzen der Wahrscheinlichkeit und belegt am Saisonende regelmäßig einen Platz irgendwo im Niemandsland der Tabelle zwischen Rang 15 und acht. Diese Bilanz bringt dem VfL nicht nur das wenig schmeichelhafte Attribut »Graue Maus« ein, die Epoche der Elf von Trainer Heinz Höher (r.) mit Leistungsträgern wie Dieter Bast, Matthias Herget, Michael Lameck und Jupp Tenhagen (v. l.) wird später als erste Generation der »Unabsteigbaren« in die Geschichte des Clubs eingehen. Erst seit dem Abstieg 1993 fristen die Bochumer ein Schicksal als Fahrstuhltruppe.

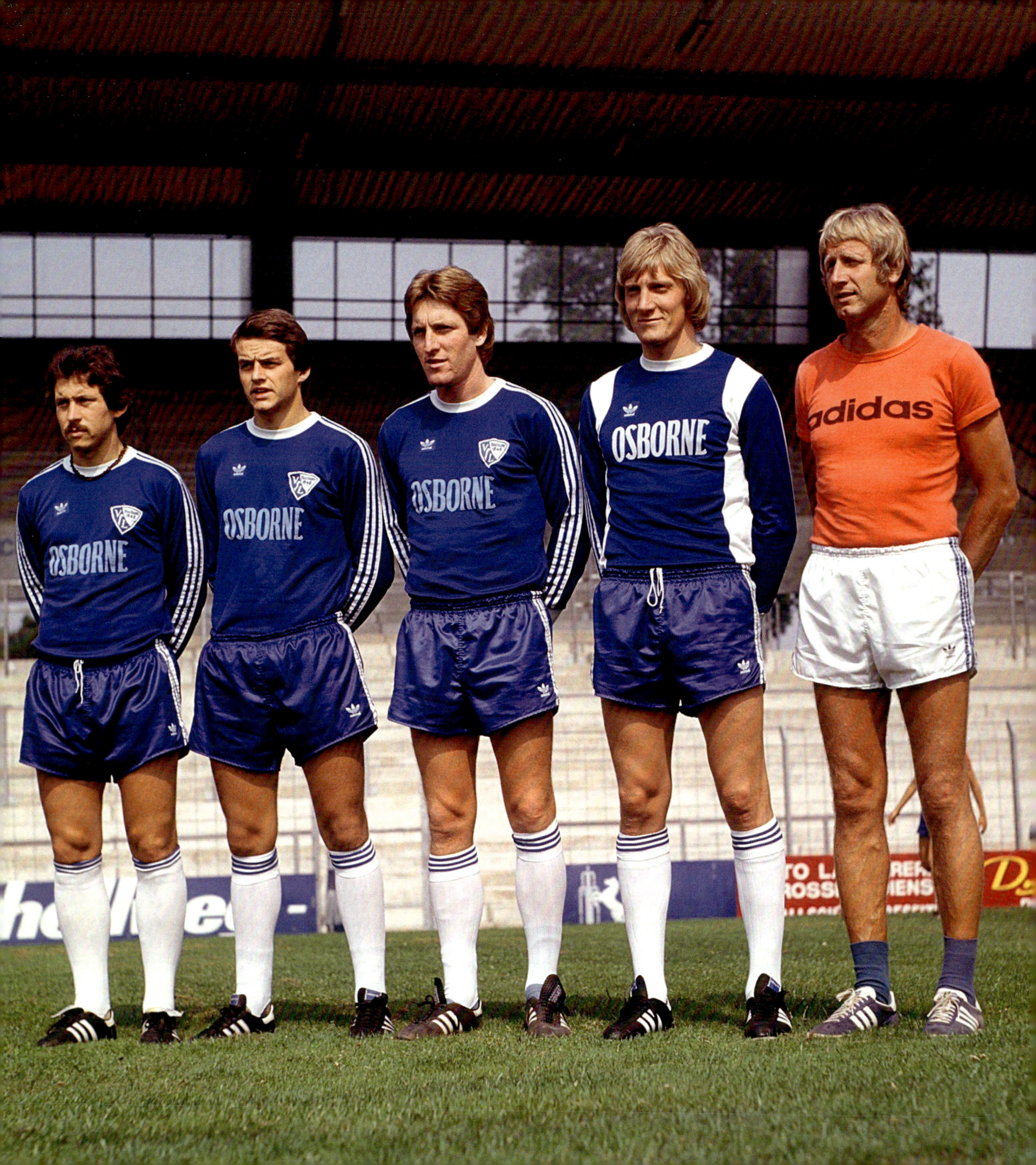
OSBORNE
OSBORNE
OSBORNE
OSBORNE
adidas

Saison 1964/65

PROFIS AUS DER PROVINZ

Unter Trainerveteran Horst Buhtz setzt sich Borussia Neunkirchen im zweiten Jahr nach Ligagründung im Oberhaus fest. Der saarländische Provinzverein begründet eine lange Tradition von kleinen Clubs, die sich zwischenzeitlich unter den Großkopferten in der ersten Liga behaupten, so auch die Spielvereinigung Unterhaching oder der FC Homburg. Hier erzielt gerade der Neunkirchner Günter Kuntz – Vater des späteren Nationalspielers Stefan – am 27. März 1965 per Kopf das 2:1 gegen den Schalker Keeper Gyula Tóth. Nach dem Abstieg im Jahr darauf gelingt Neunkirchen postwendend der Wiederaufstieg – als erstem Verein in der Geschichte. Erst danach beginnt ein lang gezogener Abstieg bis hinab in die fünfte Liga.

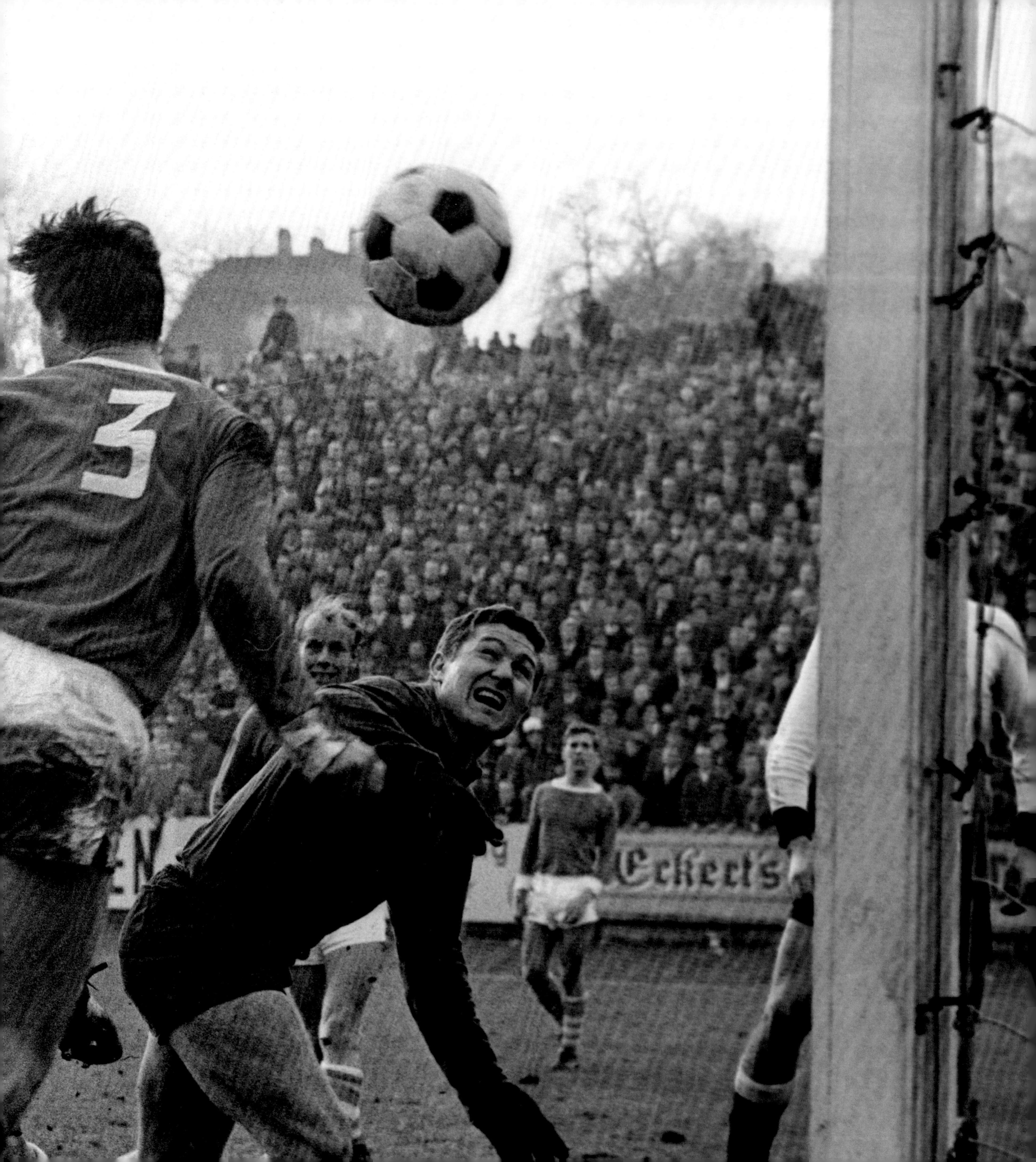
Eckerts

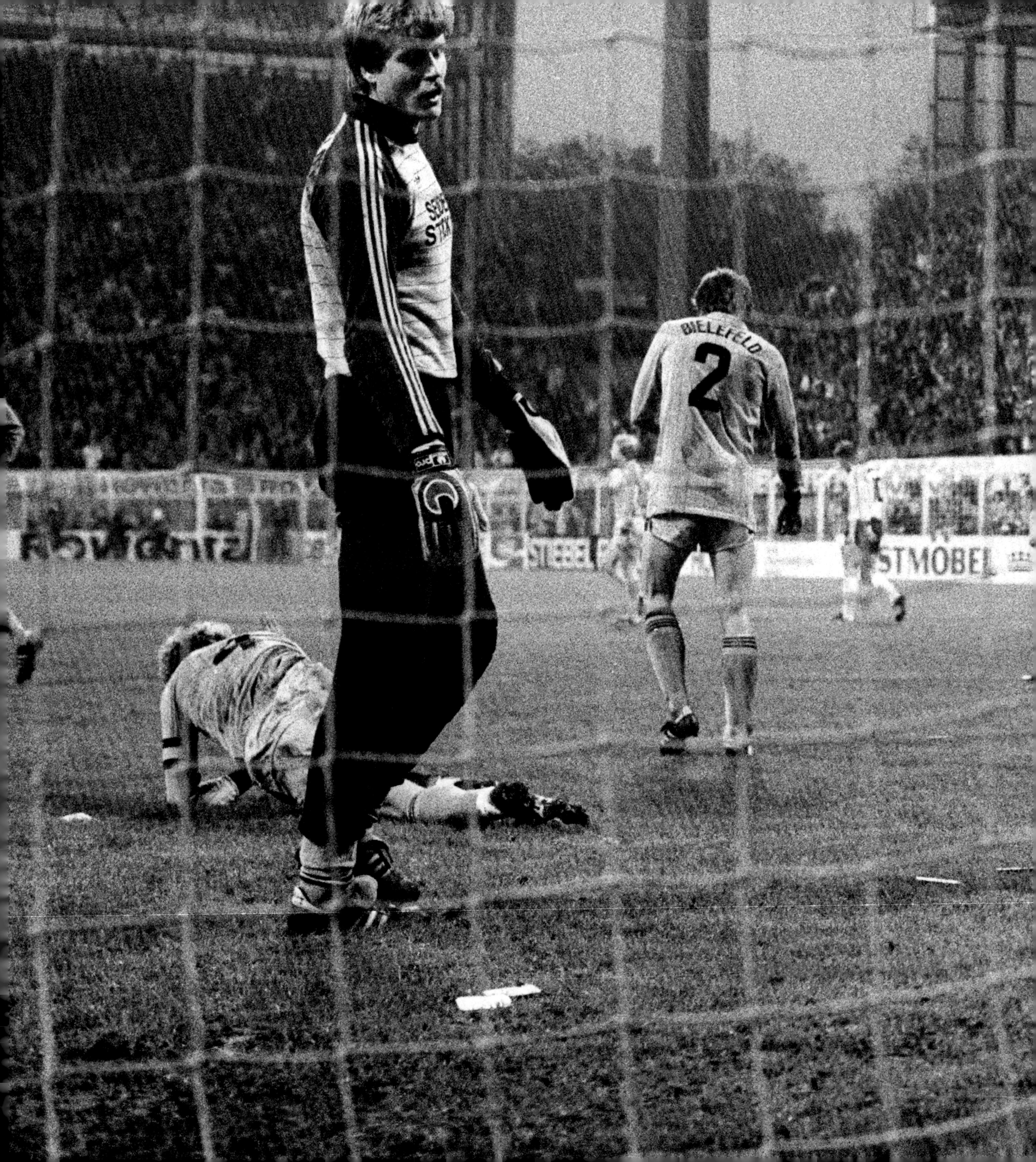
BIELEFELD
2

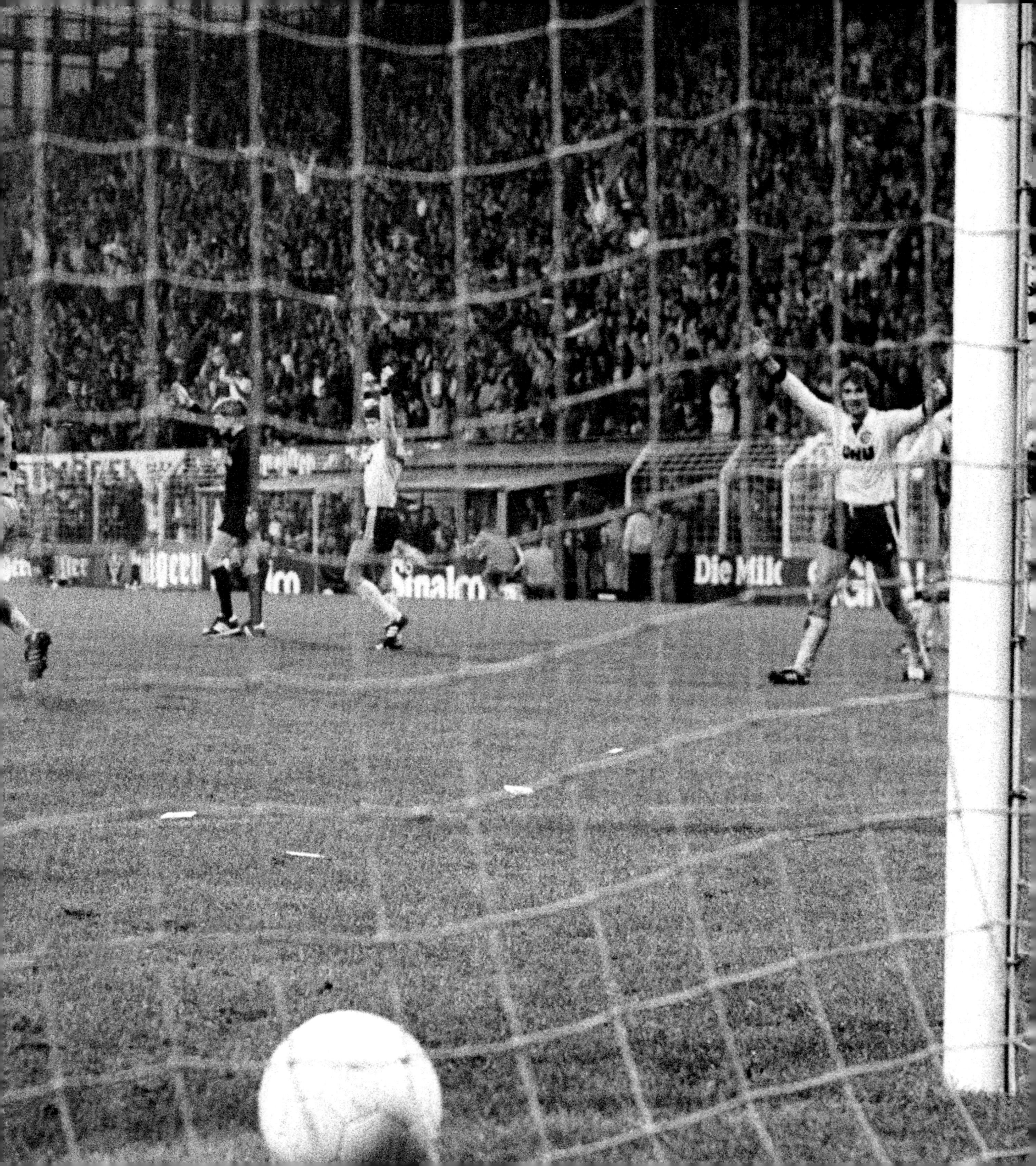
Die Milk
Sinalco

DA SCHLIDDERT DER BÄR!

Weil Hertha BSC 1965 wegen überhöhter Prämienzahlungen aus der Bundesliga verbannt wird, verfügt der DFB, dass ein anderer Westberliner Verein ins Oberhaus Einzug hält: Tasmania 1900 rückt als Drittplatzierter der Berliner Regionalliga nach. Doch der Aufstieg ist ein Himmelfahrtskommando: In der Saison gelingen dem Club nur zwei Siege. Mit 15:108 Toren und 8:60 Punkten steigt Tasmania als schlechtestes Team der Ligageschichte direkt wieder ab. Am 27. Spieltag erleidet der Verein zudem vor 1500 Zuschauern im Olympiastadion gegen den Meidericher SV mit 0:9 die höchste Heimniederlage aller Zeiten. Tasmanias Hans-Jürgen Bäsler wehrt sich dennoch tapfer gegen Duisburgs Rüdiger Mielke (r.).

DAS STEHAUFMÄNNCHEN

Der finnische Keeper im Tor von Arminia Bielefeld mag nicht mehr hinsehen. Elfmal muss Olli Isoaho beim Auswärtsspiel im Dortmunder Westfalenstadion am 6. November 1982 hinter sich greifen. BVB-Spieler Rolf Rüssmann sagt: »Die Elf war wie ein Punchingball, den man niederschlägt und der rechtzeitig zum nächsten Schlag wieder stramm steht.« Eine Beschreibung, die durchaus auch auf die gesamte Bundesligabilanz der Arminia zutrifft: Der Club stieg in 50 Jahren siebenmal auf – Oberhauspremiere feierten die Ostwestfalen zur Saison 1970/71 – und genauso oft auch wieder ab. Das 11:1 gegen Borussia Dortmund war die höchste Erstliganiederlage des Clubs von der »Alm«.

Saison 1987/88

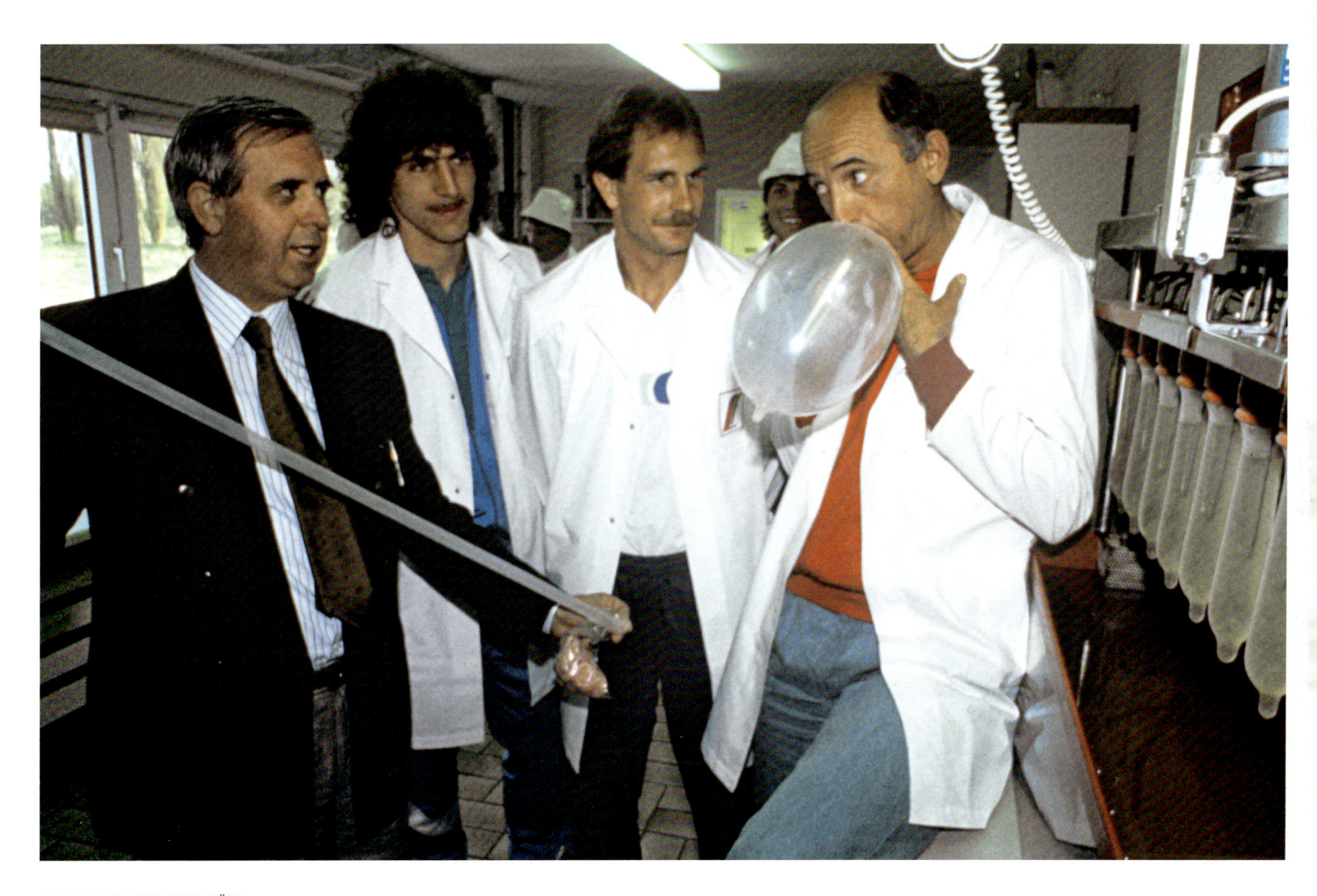

KOMMT NICHT IN DIE TÜTE
Sportlich sind die drei Erstligajahre, die der FC Homburg nach 1986 erlebt, keine Offenbarung. Vor der Saison 1987/88 aber schließt Clubpräsident Manfred Ommer einen Deal, der den Kleinstadtverein in den Almanachen verewigt. Für 200 000 Mark wirbt die Kondomfirma »London« auf der Trikotbrust des FCH. Es kommt zum Eklat. Der DFB droht mit Punktabzug, die Homburger müssen den Schriftzug zwischenzeitlich mit schwarzen Balken abdecken. Kein Grund, dem edlen Spender nicht einmal einen Besuch abzustatten: Während »London«-Chef Helmut Storandt den Spielern Andreas Keim und Wolfgang Schäfer (v. l.) den Herstellungsprozess erklärt, erlaubt sich Trainer Slobodan Cendic einen kleinen Pennälerwitz.

»Ich glaube, Toreschießen ist mir wichtiger als Sex. Für Fußball würde ich einfach alles tun. Für Sex nicht ganz so viel.« BASTIAN SCHWEINSTEIGER

ZUCHTMEISTER, FEUERWEHRMANN, KUMPELTYP. METAMORPHOSEN IN DER TRAINERGILDE.

Rein optisch hat sich der Trainertypus in 50 Jahren mächtig gewandelt. Aus Diktatoren in Turnhosen sind Taktiker im feinen Zwirn geworden. Der Blick in die Ahnengalerie der Übungsleiter aber beweist: Autorität hat viele Gesichter.

Saison 1982/83

EIN ÖSI TANKT SUPER
Ernst Happel braucht nicht viele Worte, um Profis Feuer unterm Hintern zu machen. Auf einem zeitgenössischen Suzuki-Minimotorrad kontrolliert der Wiener Grantler im Trainingslager des Hamburger SV in Durbach, dass keiner vom rechten Weg abkommt. Seine Spieler beeindruckt er, indem er eine Cola-Dose mit Ansage von der Torlatte schießt – ein Kunststück, an dessen Nachahmung selbst die Techniker im Kader reihenweise scheitern. Der passionierte Kasinogänger und Kettenraucher kennt in seinem Trainerleben keine Kompromisse. Unter dem Motto »Erst Herbstmeister, dann Hausmeister« führt der Erfinder des Pressings den HSV zwischen 1981 und 1987 zu zwei Meisterschaften, einem Pokalsieg und dem Triumph im Landesmeistercup.

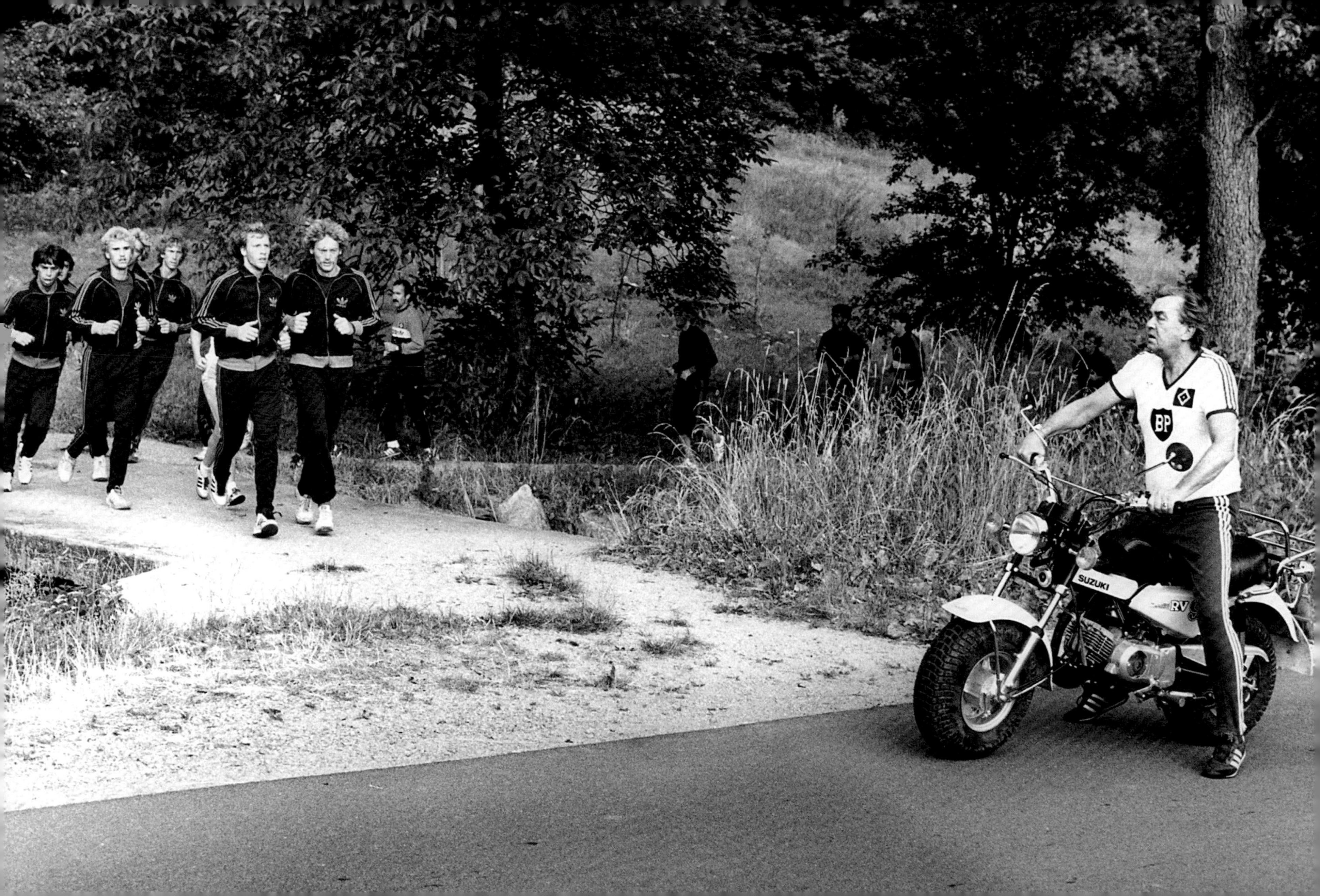

BP
SUZUKI
RV

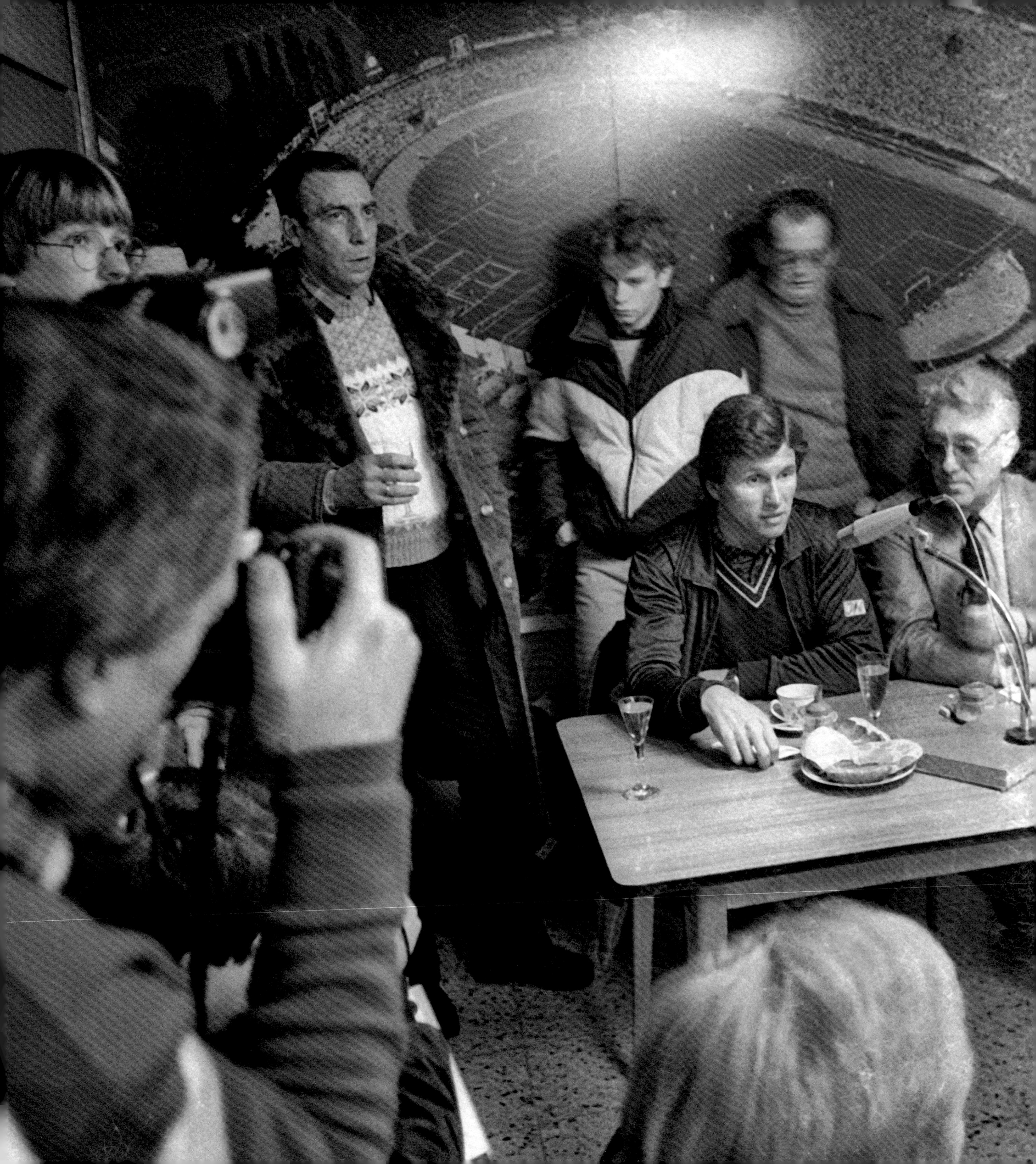

Saison 1981/82

ANALYSE IM HALBDUNKEL

Sponsorenwände bei Pressekonferenzen sind noch nicht erfunden, als Jupp Heynckes in den Katakomben des Stadions am Böllenfalltor den Schreiberlingen das 1:1 seiner Gladbacher Borussia gegen Darmstadt 98 erklärt. Heimcoach Werner Olk nimmt die Analyse reglos zur Kenntnis. Fünf Tage vor Heiligabend 1981 spendiert der hessische Club neben Kaffee auch ein Gläschen Sekt für die Anwesenden. Heynckes übernimmt 1979 sein erstes Amt als Cheftrainer am Niederrhein und betreut insgesamt fünf Bundesligavereine. Aufgrund seiner engen Freundschaft zu Bayern-Boss Uli Hoeneß heuert er in seiner 34-jährigen Trainertätigkeit dreimal an der Säbener Straße an. In Gladbach, wo er lange als Profi wirkt, kommt er nur auf zwei Engagements.

Saison 1974/75

DER LOTSE GEHT VON BORD

Am 33. Spieltag erlebt Borussia Mönchengladbach vor dem Heimspiel gegen Eintracht Braunschweig eine Zeitenwende. Mit einem Strauß roter Rosen verabschiedet Udo Lattek vor 31000 Zuschauern den langjährigen Rittmeister der »Fohlen«, Hennes Weisweiler. Der hat ein Angebot des FC Barcelona angenommen, nachdem er Gladbach zu drei Meistertiteln geführt hat. Lattek wird sein Nachfolger. Auch wenn der gebürtige Ostpreuße Weisweilers Bilanz mit »nur« zwei Titeln am Bökelberg nicht übertreffen kann, auf lange Sicht liegt Trainer Lattek in der Statistik vorn: Mit Bayern München und Gladbach gewinnt er in 30 Erstligajahren insgesamt acht deutsche Meisterschaften.

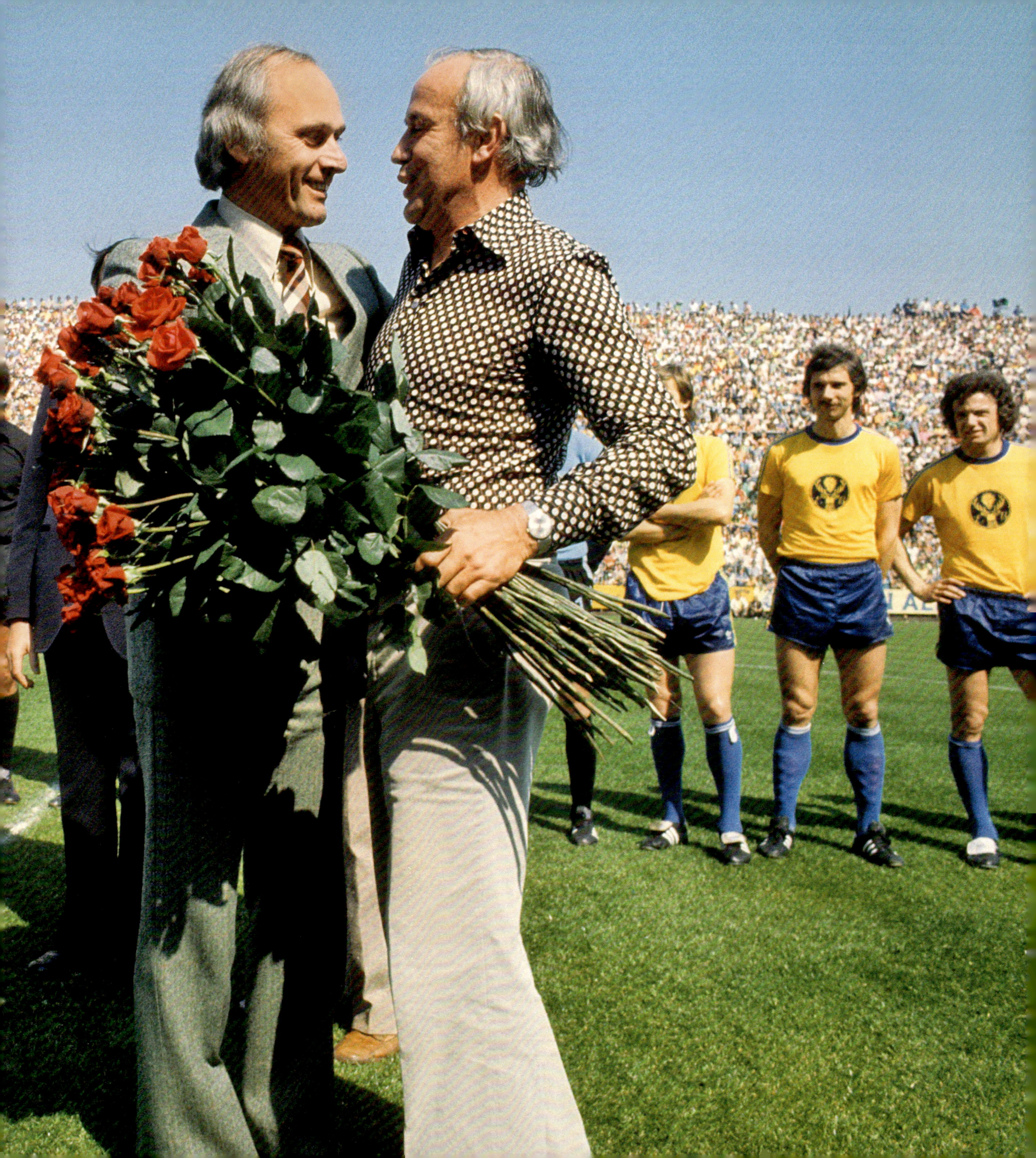

Saison 1977/78

KUNST KOMMT VON KÖNNEN

Wenn Branko Zebec spricht, kuschen auch Weltstars wie Franz Beckenbauer oder Kevin Keegan. Nach einem aufreibenden Sommertrainingslager mit dem autoritären Klassikliebhaber aus Zagreb gewöhnt sich Felix Magath das Rauchen ab. Zebec' musische Ader spiegelt sich nicht gerade in einem gefühlsbetonten Umgang mit dem Personal wider. Bei vielen seiner sechs Bundesligastationen regt sich Widerstand gegen die Methoden des wortkargen Jugoslawen. Dennoch: Mit Bayern München (1969) und dem HSV (1979) holt er zwei Meistertitel. Später kompensiert er den Druck des Traineramts zunehmend mit Alkohol, was in Hamburg, Dortmund und Frankfurt zur vorzeitigen Beurlaubung führt.

»Ordnung, Disziplin und Fitness. Das habe ich von Branko Zebec gelernt.«

FELIX MAGATH, EX-MÜSSIGGÄNGER

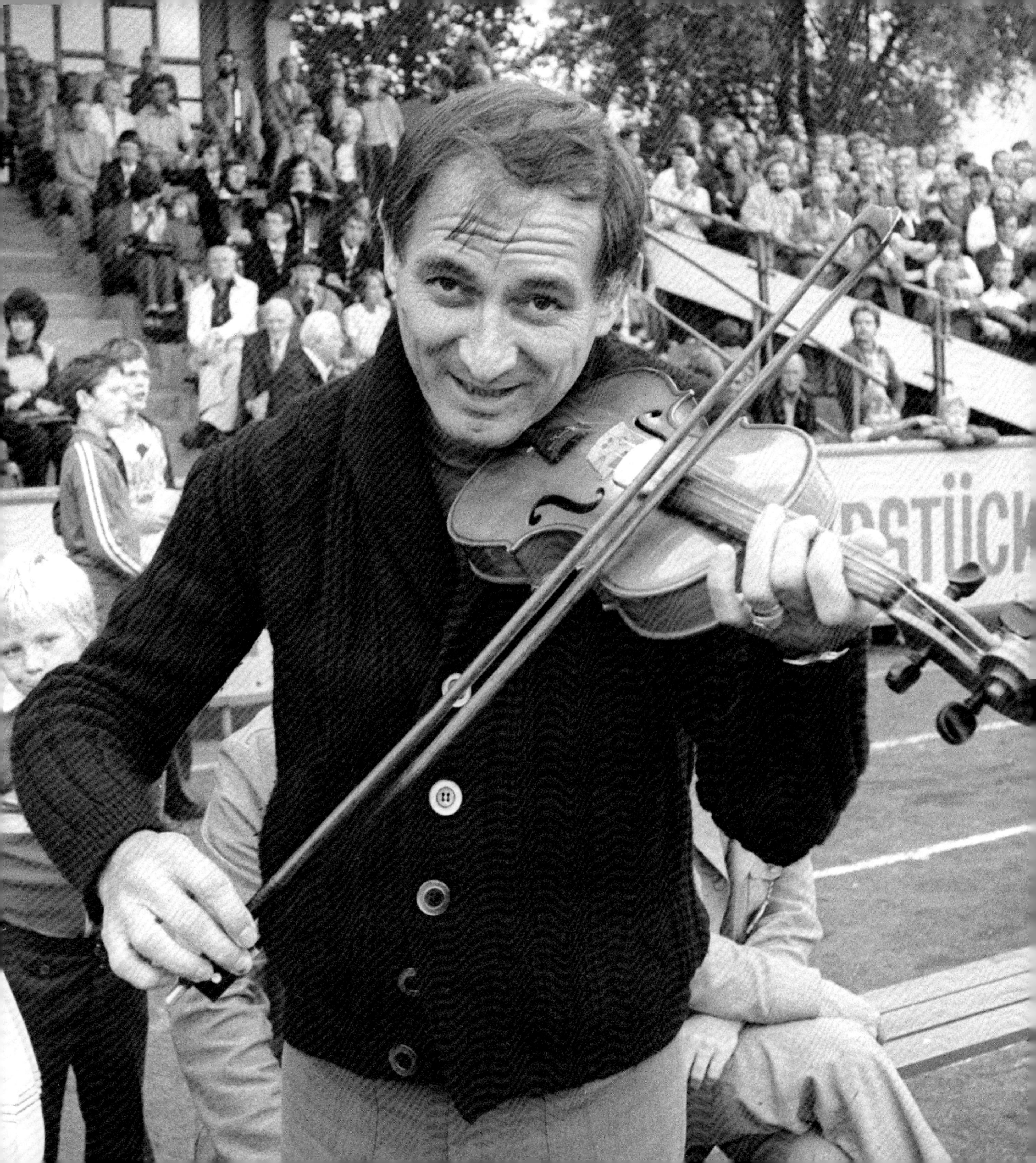

ddeutsche Landesbank
Landes Bausparkasse
Landes Bausparkasse
Ahrberg
SPARKASSE
Coca-Cola
Coca-Cola
Coca-Cola
STIEBEL E
96

Saison 1975/76

»Mein väterlicher Fußballlehrer Sepp Herberger gab mir den Beinamen ›Ratte‹. Damit versuchte er wohl meine ehrgeizige Regsamkeit auszudrücken.«

HELMUT »FIFFI« KRONSBEIN

ERSTER MANN IM STAAT
Als Spieler bei Arminia Bielefeld gilt Helmut Kronsbein (vorn rechts) als besonders pfiffig, weshalb ihn die Mitspieler »Fiffi« rufen. Als Erstligatrainer reüssiert er bei den damaligen Fahrstuhlvereinen von Hannover 96 und Hertha BSC, die er mit harter Hand durch unruhige Zeiten navigiert. In seiner Biografie spricht er von dem Spiel als dem »blutvollen Leben, das wir Fußball nennen«. Fans bezeichnet er als »Streitmacht« und »Wand des Mutes«, und er gefällt sich zum Saisonauftakt 1975 nach dem Wiederaufstieg von Hannover 96 als knorriger Diktator an der Seite von Clubpräsident Ferdinand Bock – mit seinem Kader weit im Hintergrund.

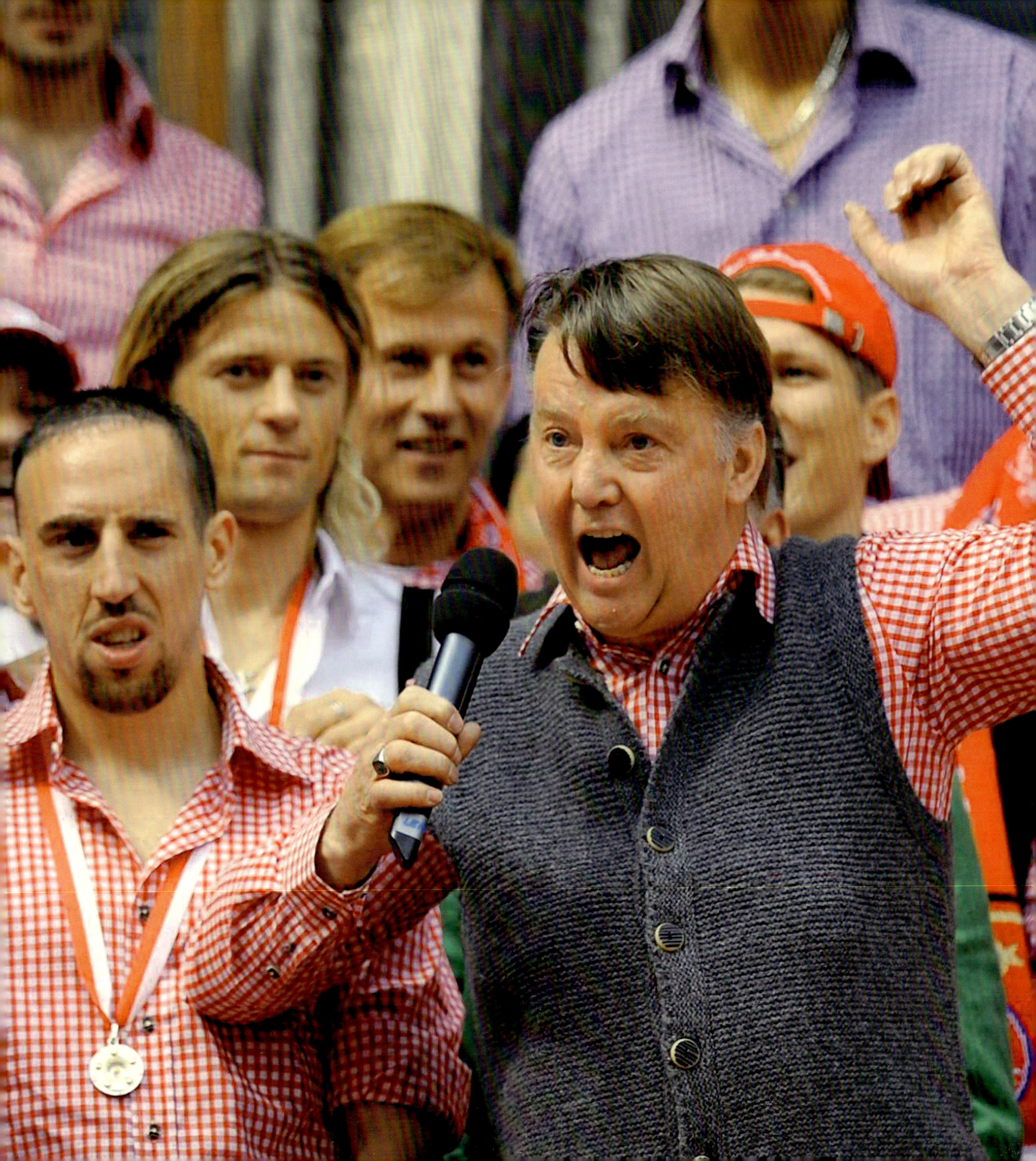

Saison 2009/2010

DIE SCHÖNEN UND DAS BIEST

Von seinen Kindern lässt er sich siezen. Journalisten begegnet er meist mit Gegenfragen. Und den Altvorderen beim FC Bayern verbietet er den Mund. In seiner Zeit beim Rekordmeister macht sich Louis van Gaal nicht nur Freunde. Dennoch gewinnt der Niederländer das Double. Bei der Party auf dem Rathausbalkon wird er zum »Feierbiest« (Van Gaal über van Gaal). Später geht er den Bossen an der Säbener Straße jedoch zusehends auf die Nerven. Sein Engagement endet nach 21 Monaten abrupt. Van Gaals Schuld aber kann es nicht sein. Stammt von ihm doch der Satz: »Ich bin ein intelligenter Trainer. Ich trainiere mehr fürs Köpfchen als für die Beine. Schwierig für manche Spieler.«.

Saison 2007/2008

Saison 1965/66

DER STUMMEL MIT DEM GROSSEN HERZEN
Ein bunter Hund unter den grauen Herren im deutschen Trainergewerbe in den 1960er-Jahren: Zlatko Čajkovski (M., links neben ihm Bayern-Manager Robert Schwan). Nachdem er den 1. FC Köln zum Meister gemacht hat, führt der kleine Mann aus Zagreb, den alle nur »Tschik« (»Zigarettenstummel«) rufen, ab 1963 den FC Bayern aus der Regionalliga in die Spitze der Bundesliga. Seine humorvolle Art und sein Faible für offensives Spiel sorgen für Stimmung bei den Hochbegabten an der Säbener Straße. »Doch irgendwann war seine Platte abgelaufen«, resümiert Franz Beckenbauer. 1968 hat der FC Bayern genug von den kessen Schnacks des Jugoslawen. Für Čajkovski beginnen Wanderjahre durch die Liga, die ihn von Hannover über Köln bis nach Offenbach führen. An alte Erfolge kann er nicht mehr anknüpfen.

DER GENERAL IM REGEN
Mit versonnenem Blick in den Konfettischauer verabschiedet sich Ottmar Hitzfeld mit der fünften Meisterschaft als Chefcoach vom FC Bayern München. Nach 17 aufreibenden Bundesligajahren geht der Mann aus Lörrach in Altersteilzeit und heuert bei der Schweizer Nationalelf an. Nachdem er 1991 zunächst Borussia Dortmund übernommen hat, prägt er eine Ära. Den BVB macht er zum internationalen Spitzenclub, gewinnt mit dem Club zwei Meisterschaften und 1997 die Champions League. Vier Jahre später gelingt ihm der Triumph in Europas Königsklasse auch mit den Bayern. Sein stets würdevoller, stilsicherer Auftritt bringt Ottmar Hitzfeld bei seinen Profis den Beinamen »General« ein.

»Torhüter spinnen alle ein bisschen. Ich kannte mal einen, der schrieb einen Brief deshalb so langsam, weil er wusste, dass seine Mutter nur langsam lesen konnte.«

»TSCHIK« ČAJKOVSKI

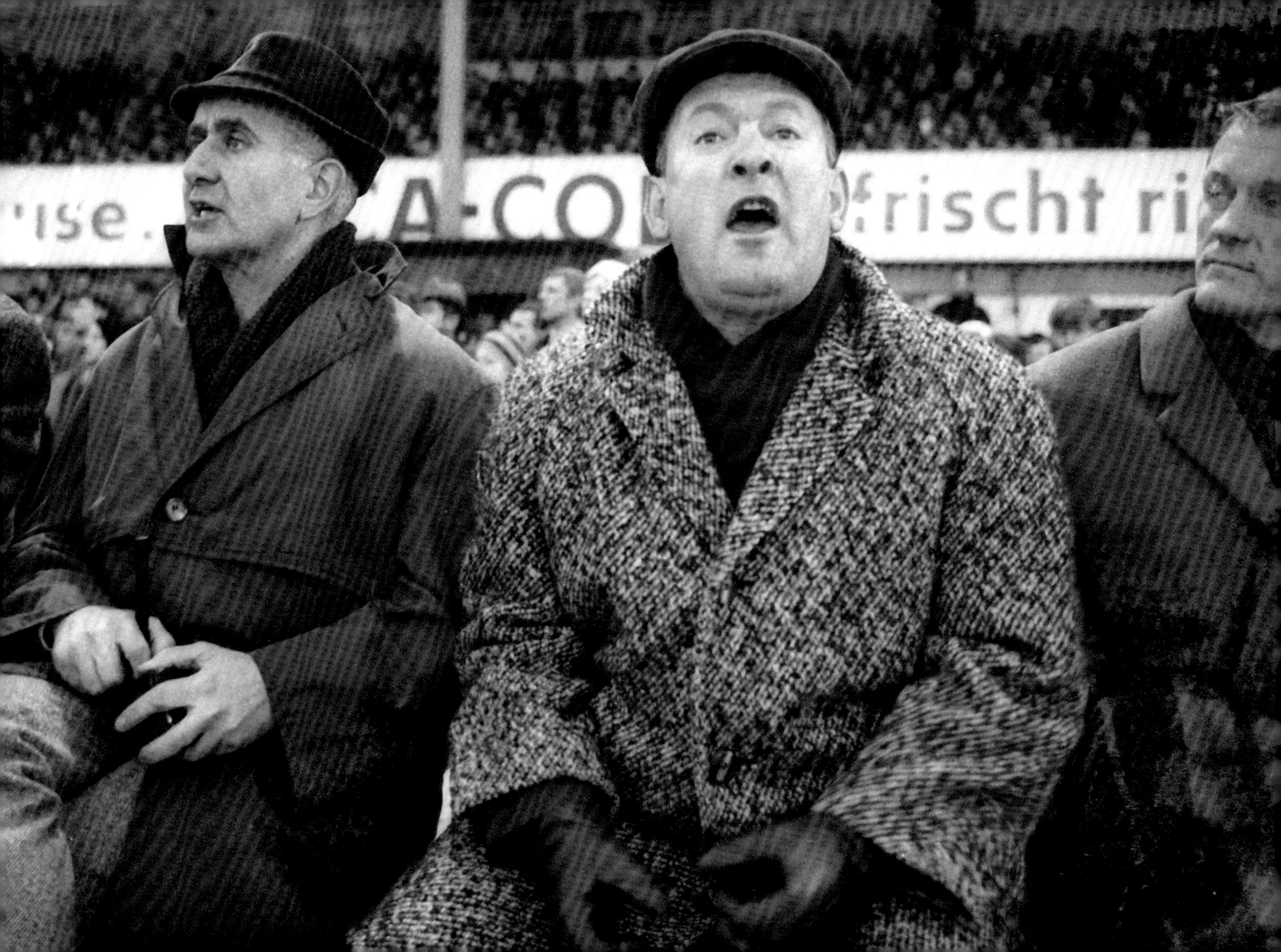
ıse.
A-CO
frischt ri

DER LÖWENBÄNDIGER

Mit seinen Spielern beim TSV 1860 München spricht Max Merkel kurz vor dem Gewinn des Titels im Frühling 1966 kein Wort. Die Profis haben gegen die rigiden Methoden des Österreichers aufbegehrt. Wochenlang steht Merkel beim Training nur wortlos im Trenchcoat auf der Aschenbahn. Als er bald darauf gehen muss, bringt er mit harter Hand auch den schlingernden 1. FC Nürnberg auf Meisterkurs. Für »Stars in der Manege« gibt der showaffine Wiener gern den peitschenschwingenden Dompteur. Doch Merkel ist und bleibt ein Misanthrop. 1975, als er kurzzeitig Schalke 04 übernimmt, macht er aus seiner Abscheu gegen seine neue Heimat keinen Hehl: »Das Schönste an Gelsenkirchen war immer die Autobahn nach München.«.

Saison 2003/2004

DER ODYSSEUS AUS DEM POTT
Mit 13 Erst- und Zweitligastationen wird Peter Neururer zum Inbegriff des Feuerwehrmanns. Seine erfolgreichste Zeit erlebt der Schnauzbartträger aus Marl zwischen 2001 und 2005 beim VfL Bochum. Den Ruhrpottclub führt er sogar in den UEFA-Cup, was ihn in diesen glorreichen Tagen zum Lambada vor der Fankurve animiert. Doch auch in Bochum ist es ihm nicht vergönnt, eine Ära zu begründen. Dann muss er wieder einmal warten, dass der nächste Manager anruft. Ein Zustand, den er einmal wie folgt beschreibt: »Wenn es dann klingelt, hofft man, dass Berlusconi vom AC Mailand dran ist – aber es ist nur die eigene Mutter.«

Saison 2011/2012

DER SCHWEIGSAME SCHLEIFER

Als Eintracht Frankfurt im Jahre 2000 unter Felix Magath der Klassenerhalt gelingt, gibt der norwegische Profi Jan Åge Fjørtoft zu Protokoll: »Ob Magath die Titanic gerettet hätte, weiß ich nicht. Aber die Überlebenden wären topfit gewesen.« Spielern verlangt der schweigsame Coach viel Leidensfähigkeit ab. Die geben ihm dafür Spitznamen wie »Saddam« oder »Quälix«. Den FC Bayern führt er mit seiner Philosophie zweimal in Folge zum Double. Beim VfL Wolfsburg steigt er zum Halbgott auf, als er mit dem grauen VW-Club 2009 die Meisterschaft gewinnt. Das Foto zeigt Magath (r.), wie er die VfL-Kicker beim Huckepack-Treppenlauf in der Marineschule Mürwik scheucht.

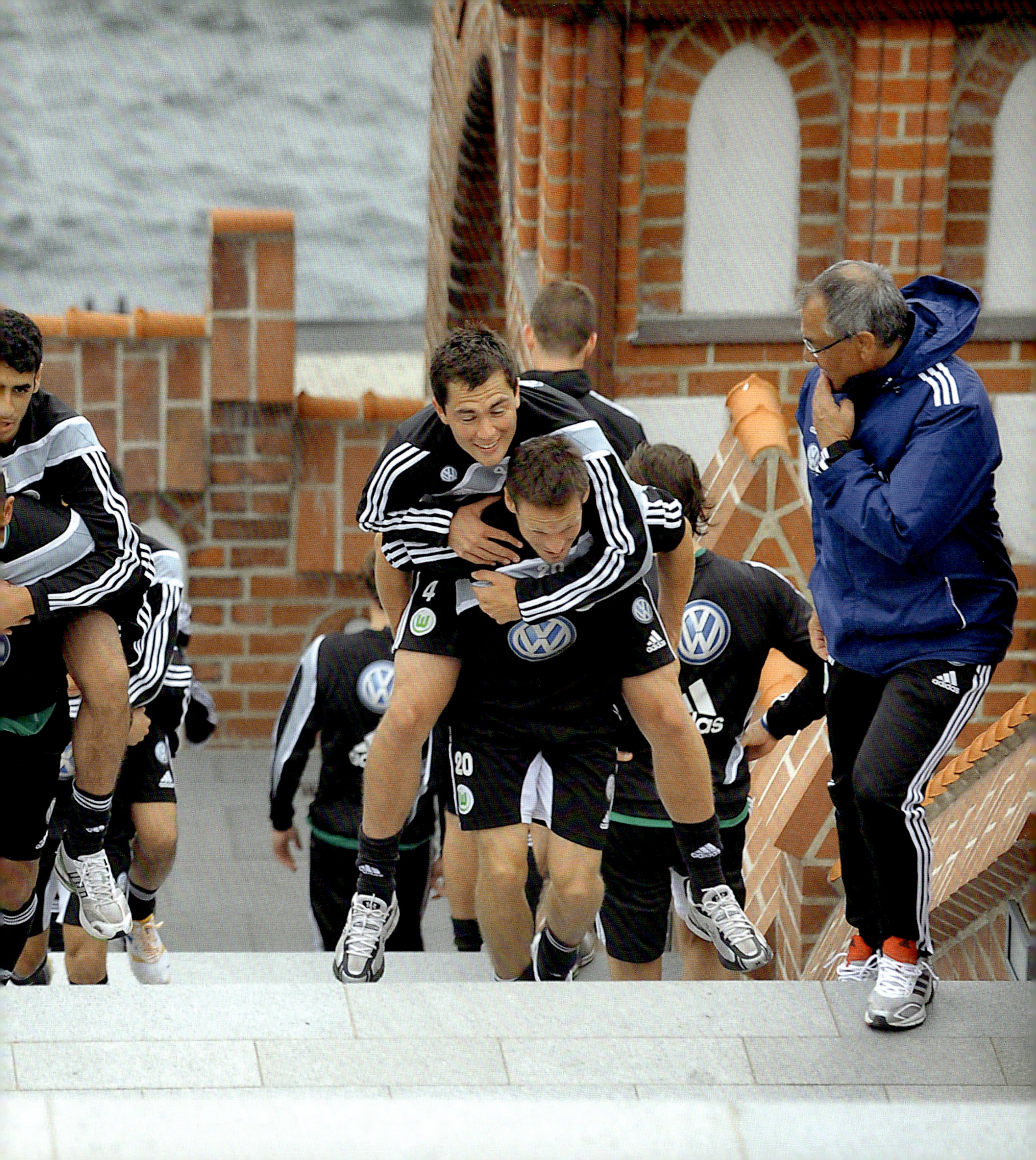

Saison 1981/82

DER UNERSCHROCKENE
Der Blick fürs Wesentliche kommt Otto Rehhagel nie abhanden. Seine Spieler beschützt er mit der Aggressivität einer Löwenmutter. Alles, was die Kicker von der Verrichtung ihrer Tätigkeit ablenkt, versucht der Coach zu verhindern. Singles im Kader lehnt er ab, selbst verlässt er sich gern auf den Rat seiner Frau Beate. Während Rehhagel in den ersten zehn Jahren als Profitrainer siebenmal den Arbeitgeber wechselt, wird er ab 1981 beim SV Werder zum Dauerbrenner. In 14 Jahren führt er Bremen zu zwei Meistertiteln. Beim Auswärtsspiel in Nürnberg im Herbst 1981 versucht eine Fastnachts-Hexe vergeblich, Rehhagels Konzentration zu stören.

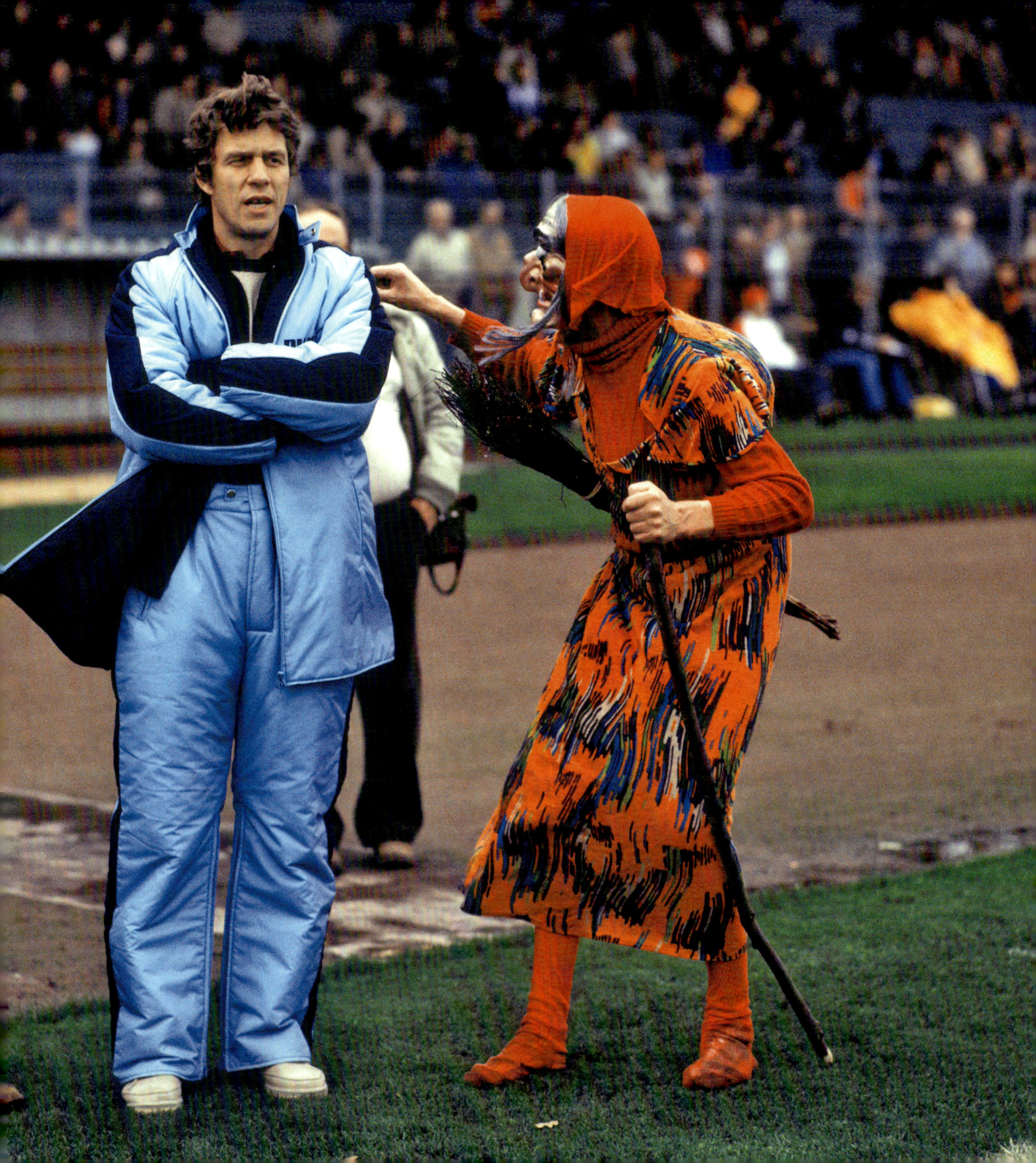

VOM ANDEREN STERN. DIE BESTEN SPIELE DER ERSTEN 50 JAHRE.

Atemlose Showdowns im Kampf um den Titel, unvergessliche Torfeuerwerke und Partien, bei denen sich das Schicksal offenbar um die Entscheidung drückt, einen Sieger zu bestimmen. Die Crème de la Crème aus mehr als 15 000 Bundesligaspielen.

Saison 1973/74

1. FC KAISERSLAUTERN – BAYERN MÜNCHEN 7:4
Nach 57 Minuten führt der FC Bayern auf dem Betzenberg bereits mit 4:1. Die Münchner müssen die Führung nur noch verwalten, die Partie scheint gelaufen. Doch 35 000 fanatische Pfälzer peitschen ihren FCK an diesem 12. Spieltag nach vorn. Klaus Toppmöller erzielt den Anschlusstreffer zum 2:4 (Foto). In weniger als einer halben Stunde drehen die Lauterer das Ergebnis. Am Ende sagt der dreifache Torschütze Seppl Pirrung: »Wäre es zehn Minuten länger gegangen, hätten wir den Bayern zehn Stück reingemacht. Beckenbauer wusste nicht mehr, wo die Mittellinie ist.« Doch die schockartige Schmach bringt den FC Bayern zur Besinnung. Am Saisonende sind die Münchner Meister und holen den Landesmeistercup.

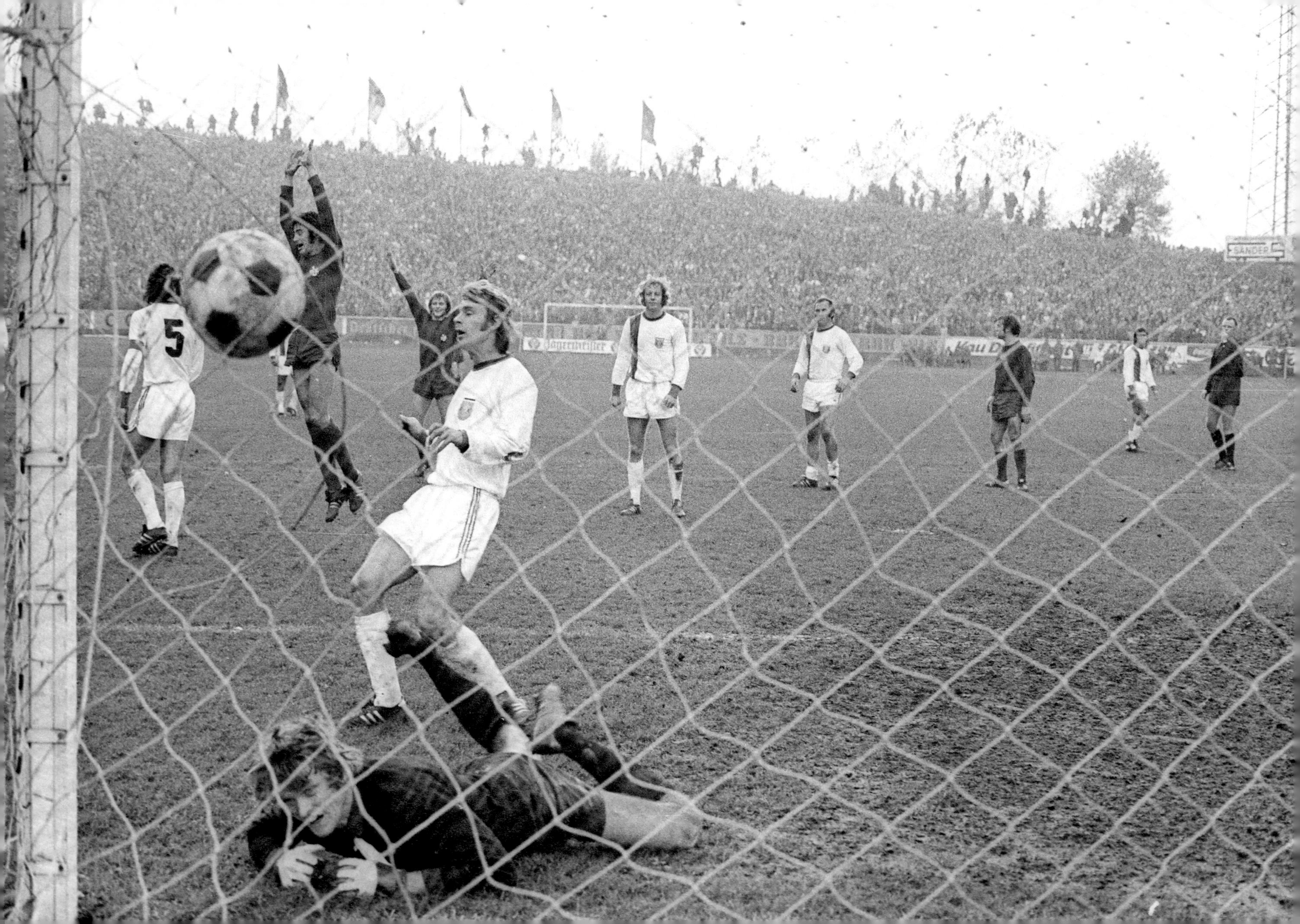
5
SANDER

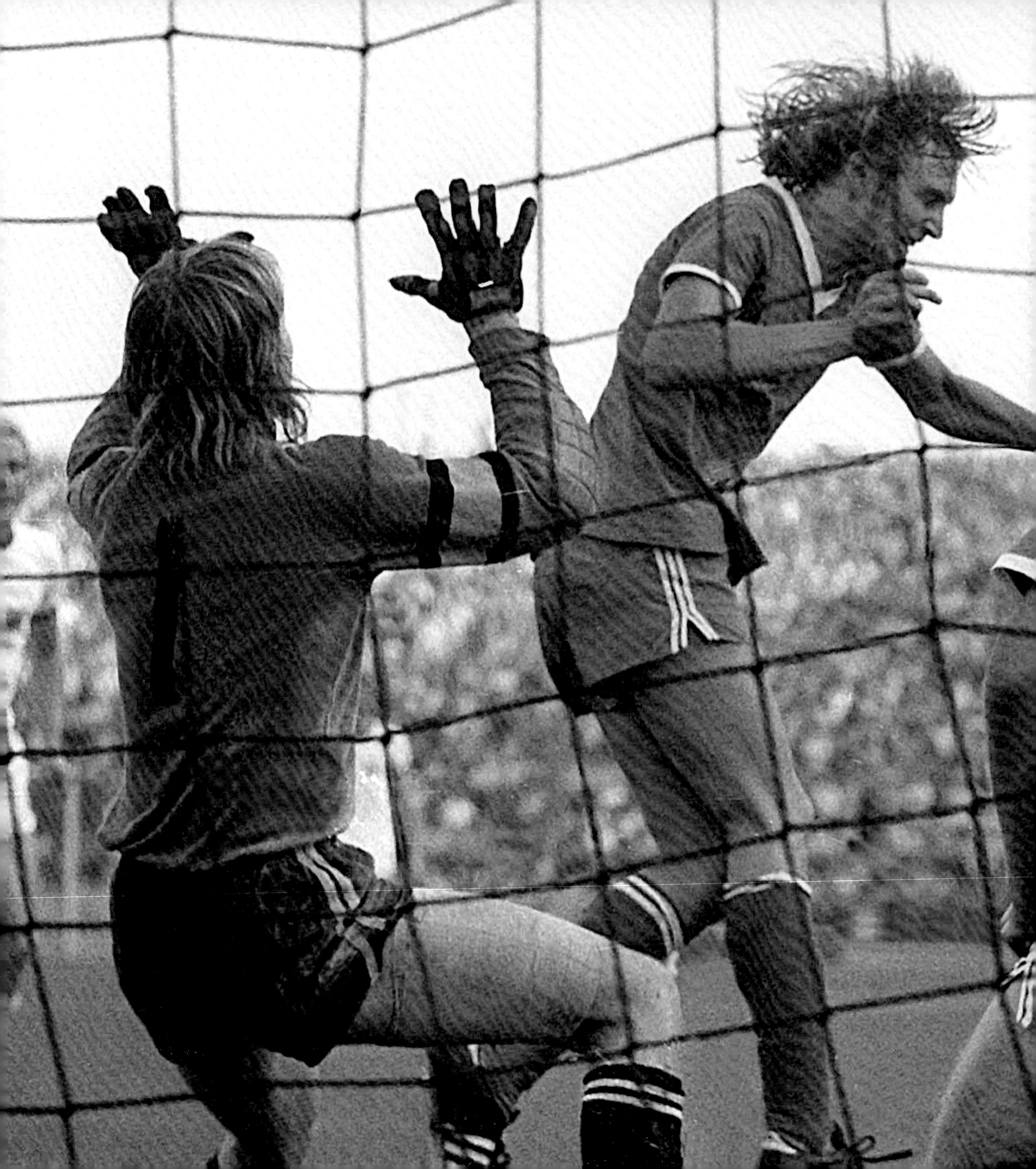

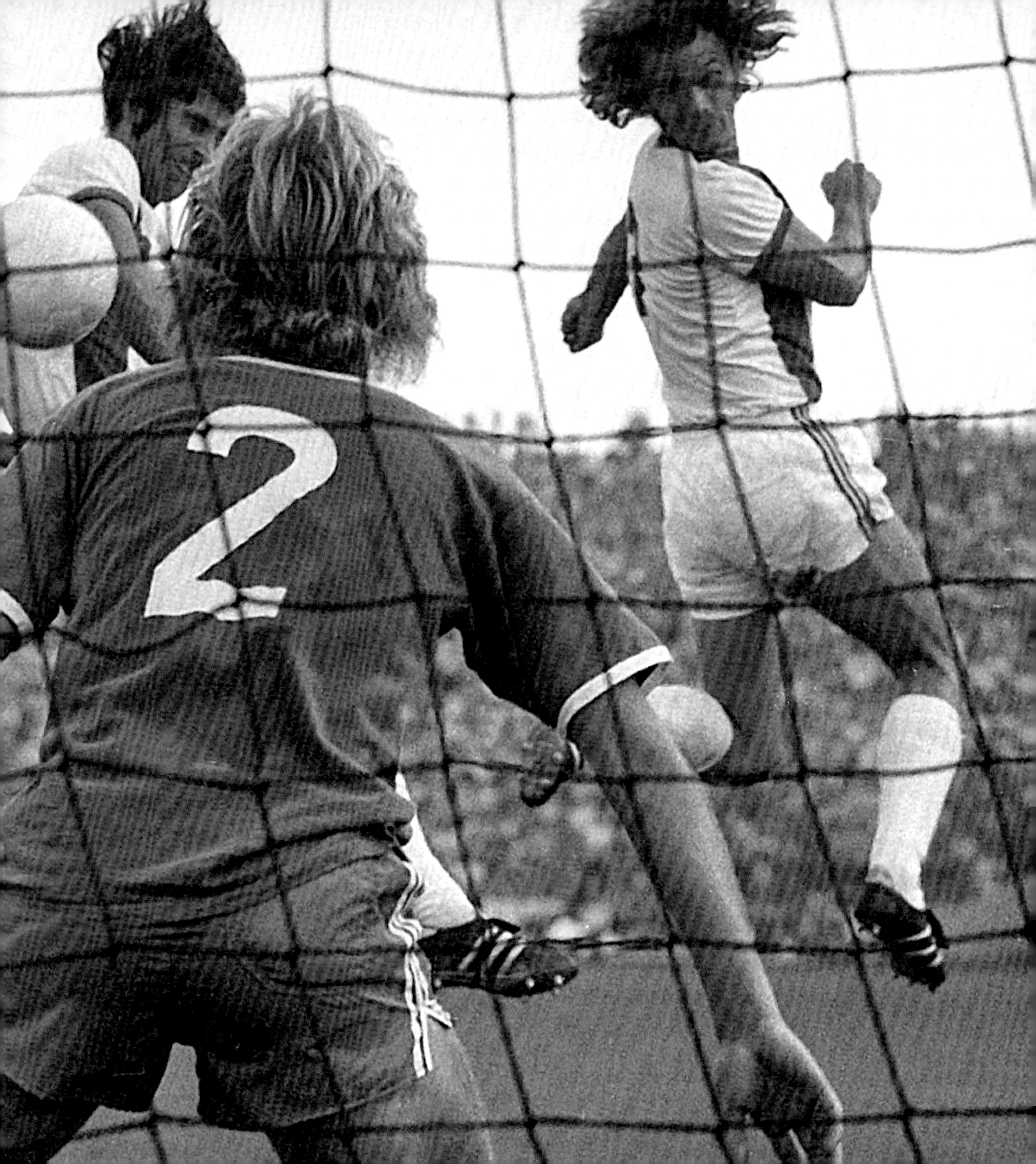

Saison 1973/74

FC SCHALKE 04 – BAYERN MÜNCHEN 5:5
Schalke ist schlecht in die Saison gestartet, liegt am 6. Spieltag auf dem vorletzten Tabellenplatz. Doch gegen den amtierenden Meister aus München sind die Knappen äußerst motiviert und schießen in 18 Minuten eine 3:0-Führung heraus. Zur Halbzeit steht es bereits 5:2, weil Schiedsrichter Herbert Lutz in nur vier Minuten drei Foulelfmeter gibt – einen für die Bayern, zwei für Schalke. In der zweiten Halbzeit aber treten die Münchner anders auf. Bernd Dürnberger und der unermüdliche Gerd Müller, der allein viermal trifft, egalisieren die Führung des Revierclubs. Das Bild von Müllers Ausgleichstor zum 5:5 wird 1973 zum »Sportfoto des Jahres« gekürt.

Saison 1964/65

FC SCHALKE 04 – BORUSSIA DORTMUND 2:6
Eigentlich ist Schalke passabel ins Derby am 6. Spieltag gestartet. In der Glückaufkampfbahn spielen die Königsblauen anfangs gute Chancen heraus, doch nach der 10. Minute trifft Aki Schmidt völlig überraschend zum 1:0 für den BVB. Der Treffer bringt die Schalker aus dem Konzept. Dortmunds Friedhelm Konietzka bejubelt nach 23 Minuten bereits das vierte Tor für den Gast (Foto). Schalkes Keeper Gyula Tóth hat zu diesem Zeitpunkt bereits genug von der Partie. Doch Borussia lässt nicht locker und schickt die Hausherren mit 0:6 zum Pausentee. Nach der Halbzeit betreiben die Knappen noch leichte Ergebniskosmetik – dennoch bleibt es ihre bitterste Niederlage im Revierduell bis heute.

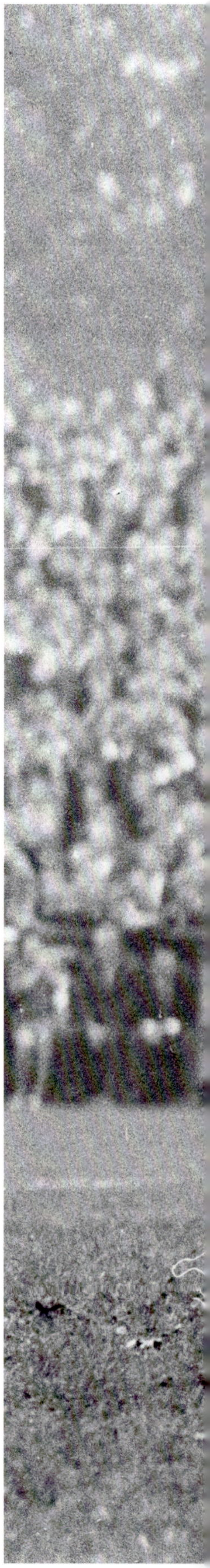

»Beim Fußball wird alles durch die Anwesenheit des gegnerischen Teams verkompliziert.«
JEAN-PAUL SARTRE

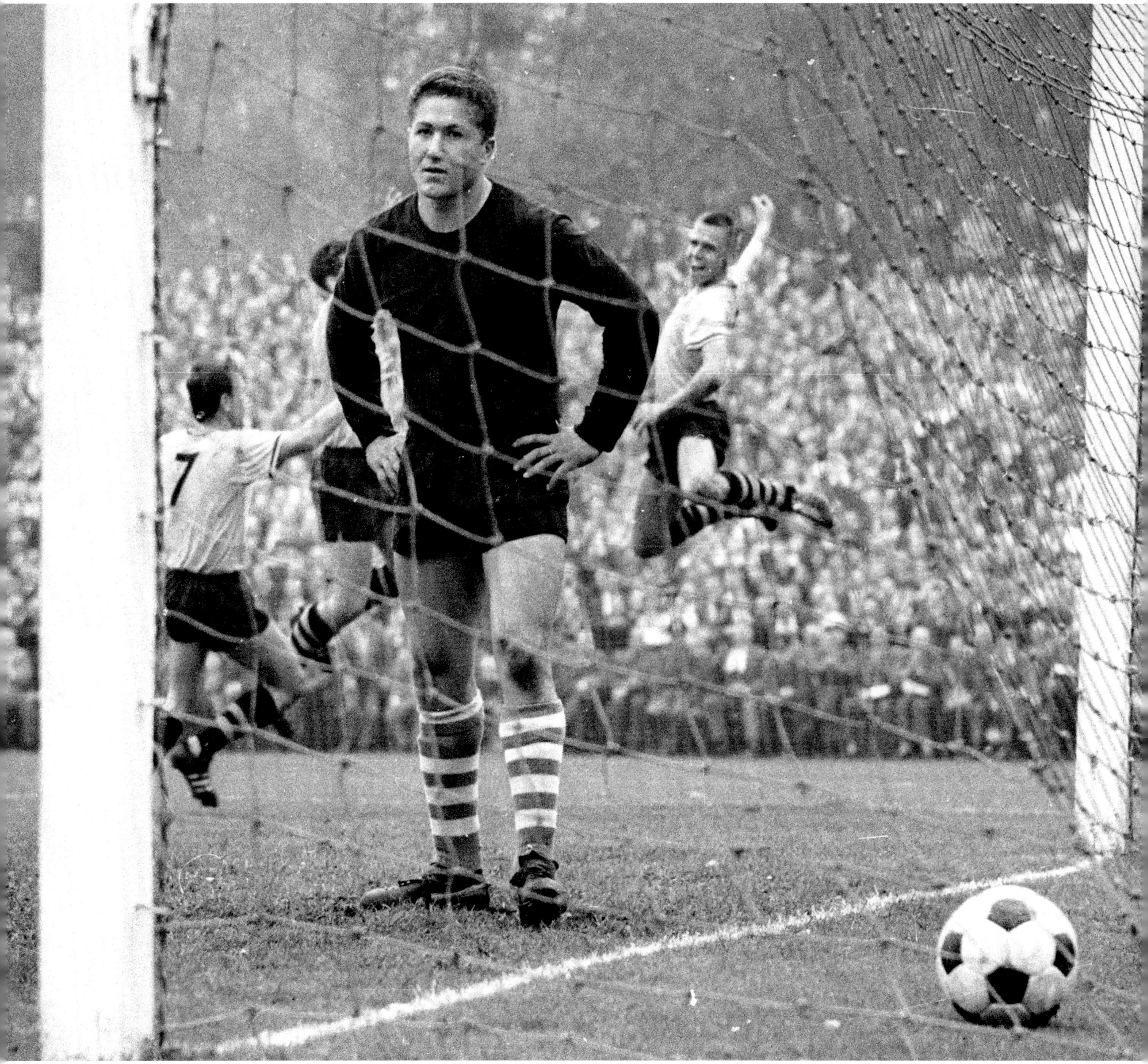

Saison 1981/82

BAYERN MÜNCHEN – HAMBURGER SV 3:4

Was für eine epochale Wucht der HSV unter seinem Trainer Ernst Happel entwickelt, muss der FC Bayern in dieser Spielzeit schmerzlich erfahren. Bereits im Hinspiel im Volksparkstadion hat das Team von Pál Csernai eine 4:1-Schlappe hinnehmen müssen. Am 29. Spieltag ist die Partie im Münchner Olympiastadion so etwas wie der vorgezogene Showdown um die Meisterschaft. Nach 63 Minuten und bei einer 3:1-Führung sieht es so aus, als könnten Breitner & Co. sich für die Hinspielniederlage revanchieren. Doch dann brennt die berühmte HSV-Achse ein Feuerwerk ab. In der 90. Minute köpft Horst Hrubesch nach einer Flanke von Felix Magath den Siegtreffer. Es bleibt für 24 Jahre der letzte Sieg des HSV in München.

Saison 1966/67

BORUSSIA MÖNCHENGLADBACH – FC SCHALKE 04 11:0
Es ist das erste zweistellige Ergebnis in der noch jungen Geschichte der Liga. Bei der ersten Partie nach dem Jahreswechsel befinden sich die Schalker Spieler geistig offenbar noch im Urlaub. Das Spiel ist ein frühes Glanzlicht der Gladbacher Fohlenelf, die auf dem verschneiten Geläuf des Bökelbergs das gegnerische Team von Fritz Langner von Beginn an schwindelig spielt. S04-Abwehrspieler Friedel Rausch hat gegen seinen Gegenspieler, den dreimaligen Torschützen Jupp Heynckes, nicht den Hauch einer Chance. Als er wieder einmal den Ball aus dem Netz holen muss, scheint er allmählich mit seinem Schicksal zu hadern.

Saison 2009/2010

BORUSSIA MÖNCHENGLADBACH – HANNOVER 96 5:3

Nach dem Spiel zweifelt Andreas Bergmann an der Arithmetik. »Da schießen wir hier sechs Tore und verlieren?!«, fragt sich Hannovers Coach. Auch sein Keeper Florian Fromlowitz versteht nicht, was im Borussia-Park an diesem 16. Spieltag abläuft. Dabei ist es der 96-Schlussmann, der nach 15 Minuten die Torlawine ins Rutschen bringt. Nach einem Pass des Gladbachers Thorben Marx schießt Fromlowitz seinen Mitspieler Karim Haggui an, von dessen Bein der Ball ins verwaiste Tor rollt. Es ist das erste von drei Hannoveraner Eigentoren. Nach der Pause spielt Constant Djakpa einen unhaltbaren Rückpass. Und in der Schlussminute ist es wieder Haggui, der ein harmloses Zuspiel von Marco Reus ins eigene Gehäuse verlängert. Verrückt.

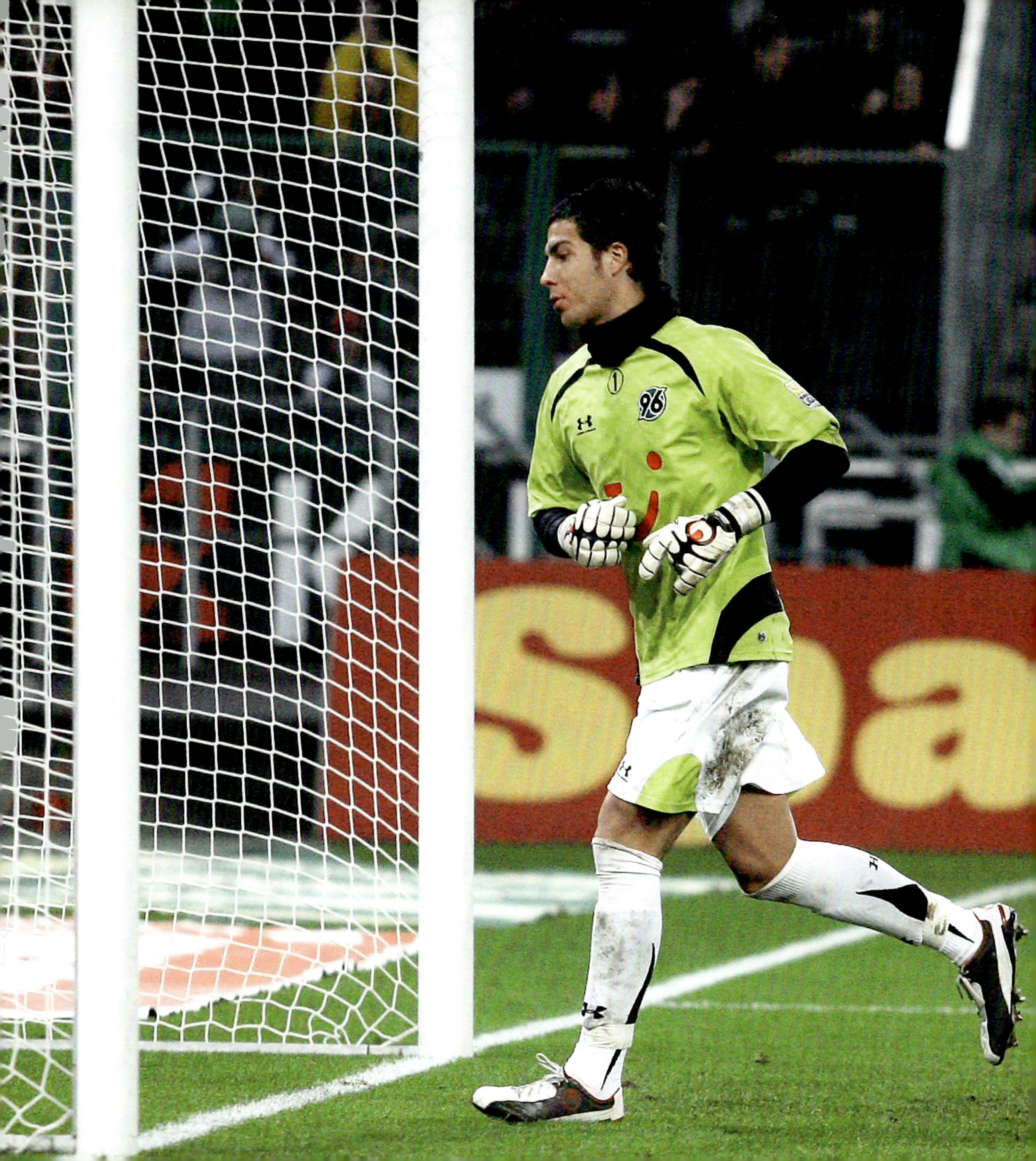

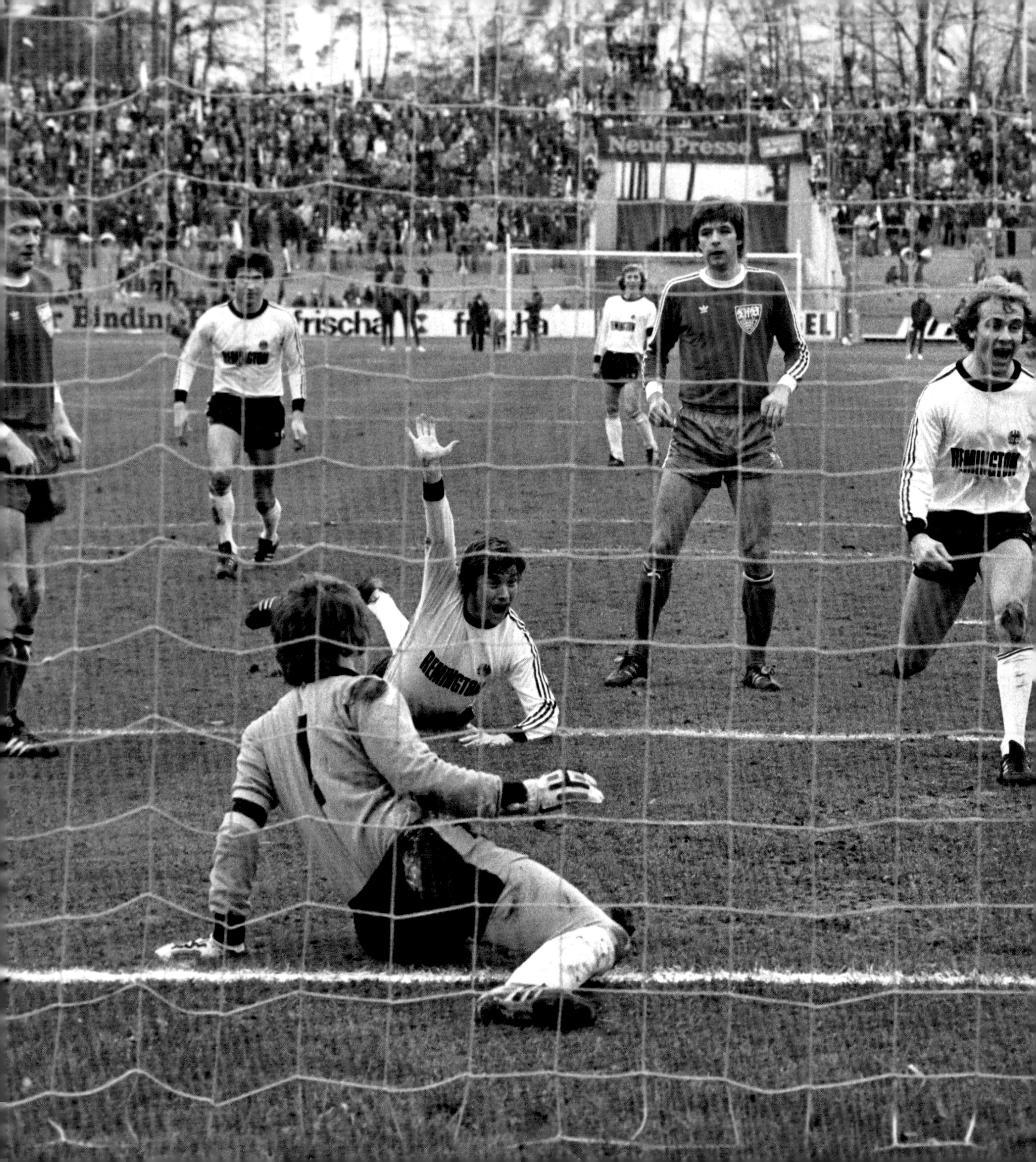
Neue Presse
REMINGTON
REMINGTON
REMINGTON

Saison 1974/75

EINTRACHT FRANKFURT – VFB STUTTGART 5:5
Der Zahnarzt im Tor der Frankfurter erklärt nach dem Spiel uneigennützig: »Ich möchte eine schöpferische Pause einlegen.« Eintracht-Schlussmann Dr. Peter Kunter hat das Match am 13. Spieltag den letzten Nerv geraubt. Obwohl sein Team einen zweimaligen Rückstand aufgeholt hat und im heimischen Waldstadion in der 83. Minute bereits mit 5:3 führt, kann die Eintracht den Platz nicht als Sieger verlassen. Auch der zweimalige Torschütze, Vorstopper Karl-Heinz Körbel, liefert in der Abwehr eine schwache Leistung ab – und die Teams trennen sich nach Egon Coordes' Ausgleichstreffer in der Schlussminute tatsächlich unentschieden. Es ist Kunters letztes Saisonspiel. Das Foto zeigt den Treffer von Roland Weidle zum 2:2 für die Frankfurter.

»In der Bundes-
zu halten, finde
Ich muss sogar
Da geht mir

liga die Bälle
ich total geil.
zugeben:
voll einer ab!«

KLAUS THOMFORDE, **TORWART FC ST. PAULI**

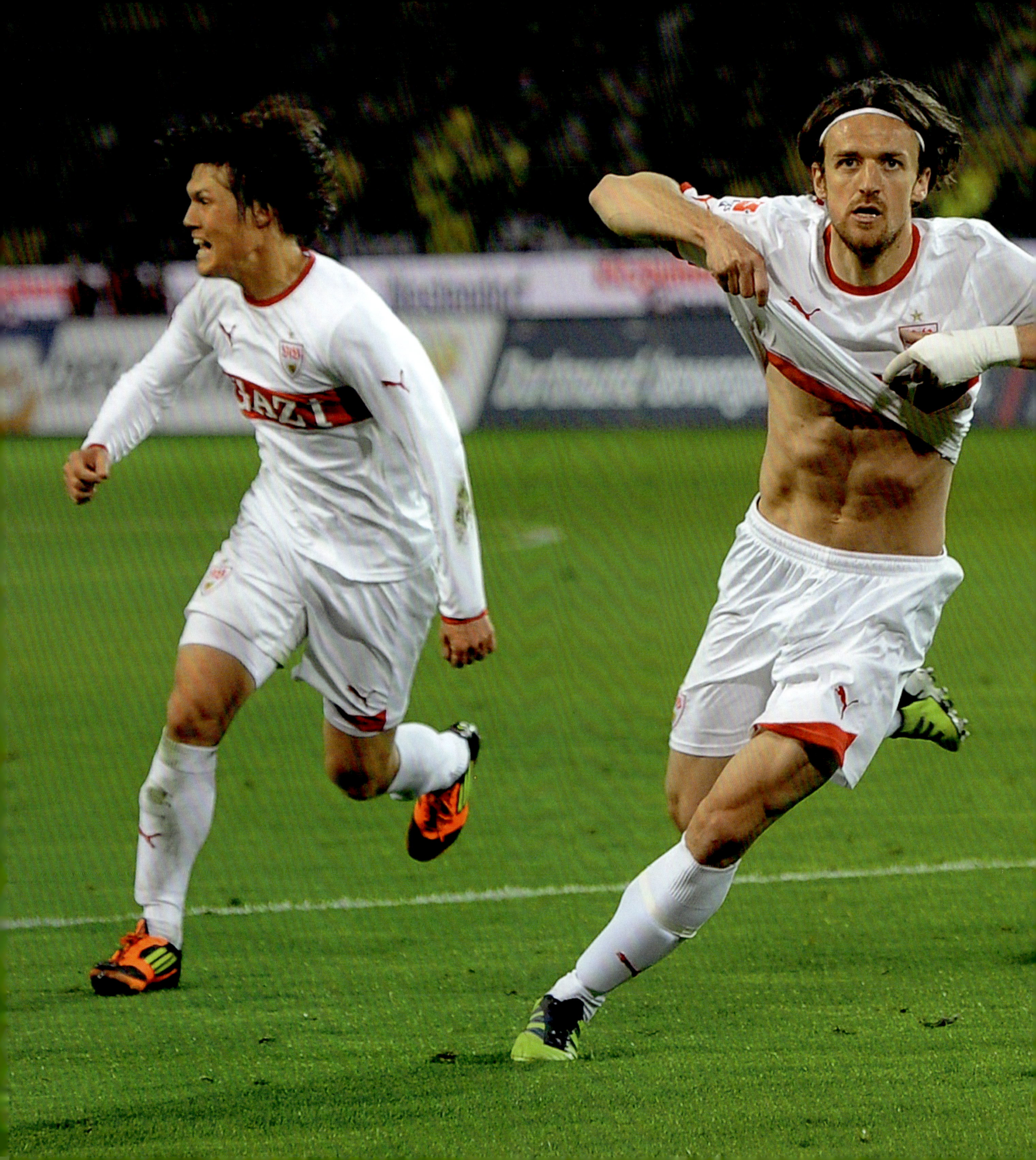

Saison 2011/2012

BORUSSIA DORTMUND – VFB STUTTGART 4:4

Bei der Pressekonferenz sagt Dortmunds Coach Jürgen Klopp: »Nun wissen alle, warum sie für die Bundesliga-Fernsehrechte so viel blechen sollen.« Das Abendspiel des 28. Spieltags lässt keine Fanwünsche offen. Nach 49 Minuten führt der BVB souverän mit 2:0. Doch die Elf von Bruno Labbadia steckt nicht auf und dreht das Match innerhalb einer halben Stunde in ein 3:2. Aber Dortmund ist unter seinem juvenilen Coach Klopp zu Hause eine Macht. Als Ivan Perišić in der 87. Minute den BVB mit 4:3 erneut in Front schießt, scheint die Entscheidung gefallen zu sein. Dann trifft Christian Gentner (Foto) in der Schlussminute mit einem strammen Linksschuss zum Endstand.

VOM PROLETEN ZUM POPSTAR. DER BUNDESLIGAPROFI, EINE STILKRITIK.

Eintopf. Als Horst Hrubesch einst von einer Jugendzeitschrift nach seiner Leibspeise gefragt wurde, musste der Mittelstürmer des Hamburger SV nicht lange überlegen. »Eintopf«, war seine knappe Antwort. Das Synonym für bodenständige Hausmannskost passte zu dem kantigen Sturmtank mit der Knollennase. Als Profi effektiv wie kein Zweiter, aber nie in Gefahr, als Intellektueller zu gelten.

Es wäre ungerecht, Horst Hrubesch als Prototyp des schlichten Profis zu bezeichnen. Der Mann schrieb nebenbei Bücher (»Dorschangeln vom Boot und an den Küsten«) und widmete sich der Pferdezucht. Und auch ein Eintopf kann bei genauerer Betrachtung viel mehr als reine Sättigungsmasse sein. Doch Hrubesch hat nie versucht, mehr darzustellen, als er war. Auf die Frage nach seiner Lieblingsgruppe nannte er denn auch die schwedische Popband ABBA. Musik wie Zuckerwatte, um 1980 allgegenwärtig, purer Mainstream. Eintopf und ABBA, Erbsensuppe unter der Discokugel. So sah es aus, das Spannungsfeld, in dem sich Profis gut zwei Jahrzehnte nach der Gründung der Bundesliga bewegten. Jeder modische Trend erlebte nun auch in Spielerkreisen einen mehr oder weniger großen Widerhall. Minipli-Frisuren waren plötzlich auf dem Rasen en vogue. Schnauzbärte à la »Tatort«-Kommissar Horst Schimanski eine weit verbreitete Hommage der Kicker an den westdeutschen Kulturkanon.

Hrubeschs Teamkollege Kevin Keegan landete im Verein mit den englischen Chartstürmern Smokie einen Top-Ten-Hit mit dem Titel »Head over Heels in Love«. Zwar hatten Profis bis dato schon öfter das Abenteuer gewagt, Schallplatten zu besingen, doch waren dabei stets seichte Schlager herausgekommen wie »Gute Freunde kann niemand trennen« (Franz Beckenbauer) oder ein Schützenfestschunkellied mit dem Titel »Und dann macht es Bumm« (Gerd Müller).

Nun lebten Lizenzkicker im Wohlstand, waren gesellschaftlich anerkannt und von medialem Interesse. Aus Proletariern waren Prominente geworden, die in Jugendzeitungen Fragebögen ausfüllten, Popsongs sangen – und dennoch daheim am liebsten Eintopf aßen.

Fassonschnitt und Wohlstandsbäuche

Im Ligagründungsjahr 1963 wäre niemand auf den Gedanken gekommen, die einsatzwilligen Sportsmänner der sozialen Mitte zuzurechnen. Fußball galt damals als ordinärer Arbeitersport. Die Ligastatuten verlangten, dass jeder Aktive einen »guten Leumund« besaß. Die Spieler sollten kämpfen,

> »Ich, was meine Person betrifft, entscheide für mich allein.«
>
> Lothar Matthäus

PETRI HEIL!
Trotz einer erfolgreichen Profikarriere gelingt es Horst Hrubesch, neben dem Fußball auch andere Interessen zu entwickeln. Seine Angelleidenschaft inspiriert ihn 1980 – zu seiner besten Zeit als Aktiver –, ein Sachbuch unter dem Titel »Dorschangeln vom Boot und an den Küsten« zu verfassen.

KARNEVAL DES LEBENS
Selten war ein Adliger in Deutschland so beliebt wie »Prinz Poldi«. Nicht nur in seiner Kölner Heimat wird er vergöttert, seine ungekünstelte Art gepaart mit seiner leidenschaftlichen Spielfreude kommt auch bei Anhängern anderer Clubs gut an.

rennen und Tore schießen. Nach der Laufbahn übernahmen sie ein Zigarettenlädchen oder eine Tankstelle und gliederten sich dort wieder ein, von wo sie einst aufgestiegen waren.

Uwe Seeler war eine Lichtgestalt dieser Ära. Ein einfacher Mann, der seine Herkunft als Sohn eines Hafenarbeiters nie kaschierte. Seine Frisur fiel früh der Biologie und dem endlosen Training am Kopfballpendel zum Opfer. Ansonsten prägten züchtige Fassonschnitte das Stadionbild, gestrenge Übungsleiter lehrten Kameradschaft und Disziplin – und der Profi folgte devot ihren Befehlen. Für einen überschaubaren Verdienst: Ein Profi erhielt anfangs maximal 1200 Mark Gehalt. Den Rest des Lebensunterhalts musste er sich über eine Nebenbeschäftigung bei zumeist körperlicher Arbeit hinzuverdienen.

Das spielerische Niveau ließ es zu, dass ein WM-Held wie Helmut Rahn beim Meidericher SV sogar noch seinen Wohlstandsbauch über die Erstligafelder spazieren führen konnte. Am Vorabend eines Matches trank der »Boss« auch mal eine halbe Kiste Bier, um tags drauf süffisant festzustellen, er sei trotzdem der beste Mann auf dem Platz gewesen.

Lieblinge der Massen waren nicht die großen Charaktere, sondern eher die Sonderlinge. Bei den »Löwen« in München stand der ulkige Jugoslawe Petar Radenković im Tor und machte Faxen.

Uwe Seelers Sturmpartner Gerd Dörfel wurde wegen seines Slapsticktalents »Charly« gerufen. Abgesehen von einem extrovertierten Auftritt auf dem Feld erlaubte er sich den Luxus, als Tierstimmenimitator, Elvis-Presley-Adept und erster Toupetträger der Liga zu reüssieren.

Nur wenige erkannten das Markenpotenzial einer Lizenzmannschaft und versuchten deshalb, die Außendarstellung der Spieler zu verbessern. So wie der Kölner Präsident Franz Kremer, der jeder Neuverpflichtung einen Maßanzug schneidern und penible Benimmregeln eintrichtern ließ. Der Kaufmann lehrte seinen Kickern mitunter sogar das standesgemäße Essen mit Messer und Gabel. Youngster Karl-Heinz Thielen, ein polyglotter Beau, übernahm am Geißbockheim zumindest intern eine Leader-Funktion in der Mannschaft. Nicht etwa, weil er so einzigartig kickte, sondern weil er der Einzige im Team des ersten Bundesligameisters war, der fließend Englisch sprach. Bei Auslandsreisen fragte Thielen sich im Auftrag seiner Elf zum Stadion durch und sorgte in den Hotels für einen reibungslosen Check-in.

Haarige Zeiten

Wachsender Wohlstand und die 68er-Revolte veränderten die Bundesliga. Fußball war in der Mitte der Gesellschaft angekommen, und die Profis spiegelten die sozialen Veränderungen wider. Die Zeit der unterwürfigen Teamplayer ging zu Ende.

Günter Netzer war ein Freigeist, der Innovationen entwickelte, die die teutonische Trainingslehre bis dahin nicht vorgesehen hatte. Auch sonst präsentierte Netzer sich als Lenker mit weit reichenden Qualitäten. Er verdiente Geld mit der Gladbacher Stadionzeitung und unterhielt parallel in der niederrheinischen Provinz ein Etablissement mit dem verlockenden Namen »Lovers Lane«. Damen lächelten verzückt, wenn der »Jünter« am Bökelberg mit dem Ferrari vorfuhr. Mit seiner blonden Mähne, die wie ein Feuerschweif hinter ihm wehte, wenn er in der Tiefe des Raumes Fahrt aufnahm, wurde Günter Netzer der erste Popstar der Liga.

Franz Beckenbauer gab im Gegensatz dazu die konservative Variante des Charismatikers. Während jede Aktion Netzers rheinisches Laisser-faire umspielte, tänzelte »der Kaiser« mit dem leichten Schritt des bajuwarischen Edelmanns durch die Liga. Dann wuchs an Beckenbauers Seite Paul Breitner heran, der den Profitypus zum Antihelden umformte. Ein hippiesker Salon-Revolutionär mit Abitur, der Mao las und sich mit der Hausbesetzerband »Ton, Steine, Scherben« traf. Breitner hinterfragte jede Entscheidung des Trainers und wurde in der Öffentlichkeit als verlängerter Arm der aufsässigen Studentenbewegung auf dem Rasen verstanden. Andererseits interpretierte er sein Profitum wie ein Geschäftsmann, dem es keine Gewissensbisse bereitete, auf den eigenen Vorteil aus zu sein: »Wenn einer kommt, vermarkte ich zur Not auch meinen Hintern.«

Schon bald war Breitners fransige Hippiematte kein Aufreger mehr in der Liga, vielerorts wurden die langen Haare sogar um Bartvarianten ergänzt – von buschigen Bud-Spencer-Anleihen (Gerd Müller) über die Jesus-Variante (Ewald Lienen) bis zum ausgefransten Walrossbart (Herbert Büssers).

Glamourboys und Waldsterben

Anfang der 1980er-Jahre lag das Durchschnittsgehalt eines Bundesligaspielers bei rund 250 000 Mark jährlich, fast 20-mal so viel, wie ein einfacher Arbeiter verdiente. Die Mannschaften der Beletage waren längst Zweckverbände aus konträren Persönlichkeiten geworden, die der Wille zum Erfolg einte. Die Lebensstile und -philosophien der Protagonisten waren entsprechend heterogen.

Die Friedensbewegung und der politische Erfolg der »Grünen« stellte so manchen Clubboss vor neue Probleme. In Stuttgart heftete Karl Allgöwer eine Unterschriftenliste gegen den NATO-Doppelbeschluss an die Kabinenwand. VfB-Präsident Gerhard Mayer-Vorfelder, ein CDU-Hardliner, bestellte den Profi ein und wies ihn an, Politik habe der Umkleide fortan fernzubleiben. In Gladbach wurde Ewald Lienen von den Kollegen verlacht, weil er übers Waldsterben philosophierte, gesunde Ernährung predigte, eine Spielergewerkschaft ins Leben rief und den Fans das Autogramm verweigerte: »Meine Unterschrift ist nicht mehr wert als deine.«

Mit dem Sieg der deutschen Mannschaft bei der WM 1990 in Italien wurde dann der Welt offenbar, dass die Bundesliga sich ausgerechnet in den Mona-

> »Fußball ist wie Schach – nur ohne Würfel.«
>
> **Lukas Podolski**

> »Der Pfau, der Superpfau, der Herr Effenberg. Da stolziert er über den Platz, und dann verschießt er, es gibt doch noch einen Fußballgott.«
>
> ANDREAS HERZOG NACH EFFENBERGS VERSCHOSSENEM ELFMETER IM DFB-POKALFINALE 1999

ten der friedlichen Revolution und anschließenden Wiedervereinigung einen modischen Fauxpas der Extraklasse erlaubt hatte. Von Lothar Matthäus bis Thomas Häßler spielte Westdeutschland geschlossen mit Vokuhila. Und auch die Kollegen aus dem Osten orientierten sich bedingungslos an dieser Geschmacksverirrung. Die grandioseste Variante erlaubte sich der Rostocker Mike Werner, dessen Matte erst im Nierenbereich endete. Und er war nur die Spitze des Eisbergs. Uwe Reinders, der neue Coach aus dem Westen, sagte nach dem ersten Treffen mit der Elf von Hansa Rostock im Sommer 1990 zu seinem Co-Trainer »Fluppy« Decker: »Sag mal, haben die hier alle denselben Friseur?«

Nachdem das Privatfernsehen ins Bieterverfahren um die Übertragungsrechte für die Bundesliga eingestiegen war und bald darauf das Bosman-Urteil erging, explodierten die Profigehälter. Die mediale Ausleuchtung der Bundesligaakteure geriet aus den Fugen. Mehmet Scholl mit Fönlocke wurde bald wie das Mitglied einer Boy-Group vergöttert. Als sein düsterer Gegenentwurf taugte Stefan Effenberg, der von einer Königsvariante der Vokuhila über eine Tiger-Tönung am Hinterkopf bis zum holprigen Englisch-Tattoo (»True Love Never Die«) keine Fashion-Stilblüte ausließ.

Während Mehmet Scholl gegen Ende seiner Laufbahn das Sonnyboy-Image leid war und in die innere Emigration driftete, avancierte nach der Jahrtausendwende das blonde Duo »Schweini & Poldi« wie zuletzt Hans-Jürgen Bäumler & Marika Kilius zum Traumpaar des deutschen Sports. Im Doppelpack versprühten der Münchner und der Kölner ungekünstelte Lebensfreude, zu der ein Paul Breitner allein wegen seines bissigen Naturells nie in der Lage gewesen wäre. Die beiden Frohnaturen waren auch die erste Ernte einer restrukturierten Jugendarbeit. Ihr Auftritt war ein optimistischer Ausdruck des Lebens im erfolgsorientierten Kokon der Nachwuchsleistungszentren.

Bodygroomer und gezupfte Augenbrauen

Profis konnten nun innerhalb weniger Erstligajahre zu Multimillionären aufsteigen. Wer jeden Karriereschritt sorgsam abwog und nach wirtschaftlichen Maßstäben auslotete, hatte schon mit Anfang 20 ausgesorgt. Manche scheiterten dennoch an den neuen, unbegrenzten Möglichkeiten. Sebastian Deisler, auch so ein junger Wilder, beendete mit 27 wegen psychischer Probleme vorzeitig seine Laufbahn.

Aus den kantigen, behaarten Dauerläufern der 1970er- und 1980er-Jahre waren wendige Modellathleten mit gezupften Augenbrauen geworden, denen anzumerken war, dass sie seit frühester Jugend keinen Mangel mehr kannten. Während ihre Ahnen in den Gründerjahren noch wie Kriegsheimkehrer wirkten, Männer wie Hrubesch optisch auch als Klempner durchgingen, haftet heute selbst Endzwanzigern wie Philipp Lahm noch etwas Jungenhaftes an.

Die Bundesliga ist eine globalisierte Leistungsschau, die aus den Spielertypen gemarktforschte Ich-AGs gemacht hat. Verzockten die Teams noch bis in die 1990er-Jahre bei Schafskopf und Skat im Mannschaftsbus ihre Prämien, präsentieren sich die modernen Kicker eher wie computergesteuerte Replikanten, wenn sie im mentalen Tunnel mit ihren MP3-Playern und riesigen Kopfhörern auf den Ohren wortlos aus den Busfenstern starren. Die Zeiten, als die »Unabsteigbaren« des VfL Bochum nach jedem Heimspiel zur Nachbesprechung mit den Fans in die Stammkneipe gingen, sind längst Geschichte. Heute steigt jeder Bundesligist am Vorabend eines Spiels in einem Luxushotel ab, die Spieler übernachten in Einzelzimmern und fahren tags drauf mit dem Bus bis in die Katakomben des Stadions. Der Kontakt mit dem Anhang beschränkt sich auf das Nötigste.

Der Fußballprofi spiegelt nicht mehr die Gesellschaft wider, er lebt in seiner eigenen Kaste am oberen Ende des Wohlstandsbarometers. War in den 1990er-Jahren noch der Fön eine Extravaganz, sind heute Bodygroomer und Epiliergeräte ständige Begleiter auf Auswärtsfahrten. Der Körper vieler Profis gleicht einer Landkarte. Modische Tattoos zeugen von der Sehnsucht, im eng getakteten Bundesligaleben Empfindungen zu formulieren und auf sehr eigenwillige Weise Nachhaltigkeit zu erzeugen.

In Rhetorikkursen lernen die Spieler, wie sie selbst kluge Reporterfragen ins Leere laufen lassen können. Die Zeiten, in denen Paul Breitner fast jedes Feldinterview (»Wenn mich einer in der Zeitung ›Zigeuner‹ nannte, habe ich in der Öffentlichkeit ›Schreibtischmörder‹ zu ihm gesagt«) in einen Kleinkrieg verwandelte, scheinen Lichtjahre entfernt. Gestanzte Worthülsen sorgen vielleicht dafür, dass die Lizenzabteilungen der Vereine und deren Sponsoren sich angemessen vertreten fühlen. Oft vermittelt der Auftritt aber auch den Eindruck, Profis seien nur noch ausführende Organe einer Konzernstrategie.

»Kameradschaft ist, wenn der Kamerad schafft.«

Mehmet Scholl

Nach 50 Jahren Bundesliga ist jeder Spieler eine öffentliche Person, ein gläserner Star im Unterhaltungsmilieu. Fast jeder seiner Schritte wird medial verfolgt und schon lange nicht mehr nur auf den Sportseiten der Zeitungen analysiert. Und sogar die »Spielerfrau« erfährt eine Wahrnehmung, die keinem Spitzenakteur der Gründerjahre so nur im Ansatz zuteil wurde.

Eine tragische Folge ist der Verlust an Spitznamen. Kosenamen waren einst der Nachweis für eine besonders emotionale Verbindung zwischen Spielern und Anhang. Meist wurde die Physis verniedlicht, anfangs noch oft mit Anleihen aus der militärischen Terminologie: Otto Luttrop, Angreifer des TSV 1860 im Meisterjahr 1966, wurde wegen seines explosiven Antritts »Atom-Otto« gerufen. Gerd Müller, die biegsame, vollschlanke Sturmspitze der Bayern, wurde zum »Bomber der Nation«. Als in der Berichterstattung aus »Schlachtenbummlern« allmählich »Fans« wurden, lappten auch die Beinamen zusehends in den Nonsens-Bereich: Beim stelzenhaften Übersteiger des dürren Blondschopfs Hannes Bongartz ging ein Raunen durch die Reihen auf der Schalker Tribüne: »Guck mal, der Spargeltarzan!« Der Essener Willi Lippens hüftschlenderte wie ein Revolverheld, weshalb die Zuschauer ihn zärtlich »Ente« nannten. Die »tierische« Kondition des Münchner Mittelfeldmotors Franz Roth brachte ihm den Namen »Bulle« ein. Die Kreativität hat seither gelitten. Seit Fußballer Markenartikel sind, ist der Spitzname oft nur noch eine Vereinfachung des Namens, der prima zur Milchbubi-Erscheinung passt: »Prinz Poldi«, »Merte«, »Basti Fantasti«.

Auch Horst Hrubesch, der Eintopfliebhaber und ABBA-Fan, hatte in seiner aktiven Zeit einen Spitznamen: »Kopfballungeheuer«. Laut Sepp Maier der einzige Spieler, der in der Lage sei, einen Freistoß aus 30 Metern mit dem Kopf zu verwandeln. Ausgerechnet der wohl stilsicherste Profi, den die deutsche Eliteklasse je hatte, beichtete später, dass er sich nach keinem Kicker jemals so gesehnt habe, wie nach dem bulligen Ungeheuer. »Ich habe nie einen Spieler, den ich haben wollte«, sprach HSV-Manager Günter Netzer, »so gejagt wie Hrubesch. Manchmal bin ich in der Nacht aufgewacht und habe ›Hrubesch‹ geschrien.«

Saison 1963/64

»Der Spieler muss einen guten Leumund haben (...) Zu den Pflichten des Lizenzspielers gehören insbesondere sportlich einwandfreier Lebenswandel, volle Einsatzbereitschaft und Ritterlichkeit gegenüber dem Gegner.«

AUS DEM DFB-LIZENZ-SPIELERSTATUT VON 1963

SOLDAT MIT AKKURATER FRISUR
Mit streichholzlangem Mecki-Schnitt präsentiert sich Friedhelm Konietzka zum offiziellen Fototermin vor der ersten Bundesligasaison. Der Stürmer von Borussia Dortmund wird von seinen Teamkollegen »Timo« gerufen, weil seine schmalen Augen und die Militärfrisur an den sowjetischen Weltkriegsgeneral Semjon Timoschenko erinnern. Im weiteren Verlauf seiner Karriere gewöhnt sich Konietzka, der in seinen 100 Erstligaspielen 72 Tore erzielt, derart an den Namen, dass er ihn später offiziell in seinen Pass eintragen lässt. In die Geschichte geht er als Schütze des ersten Bundesligatores ein.

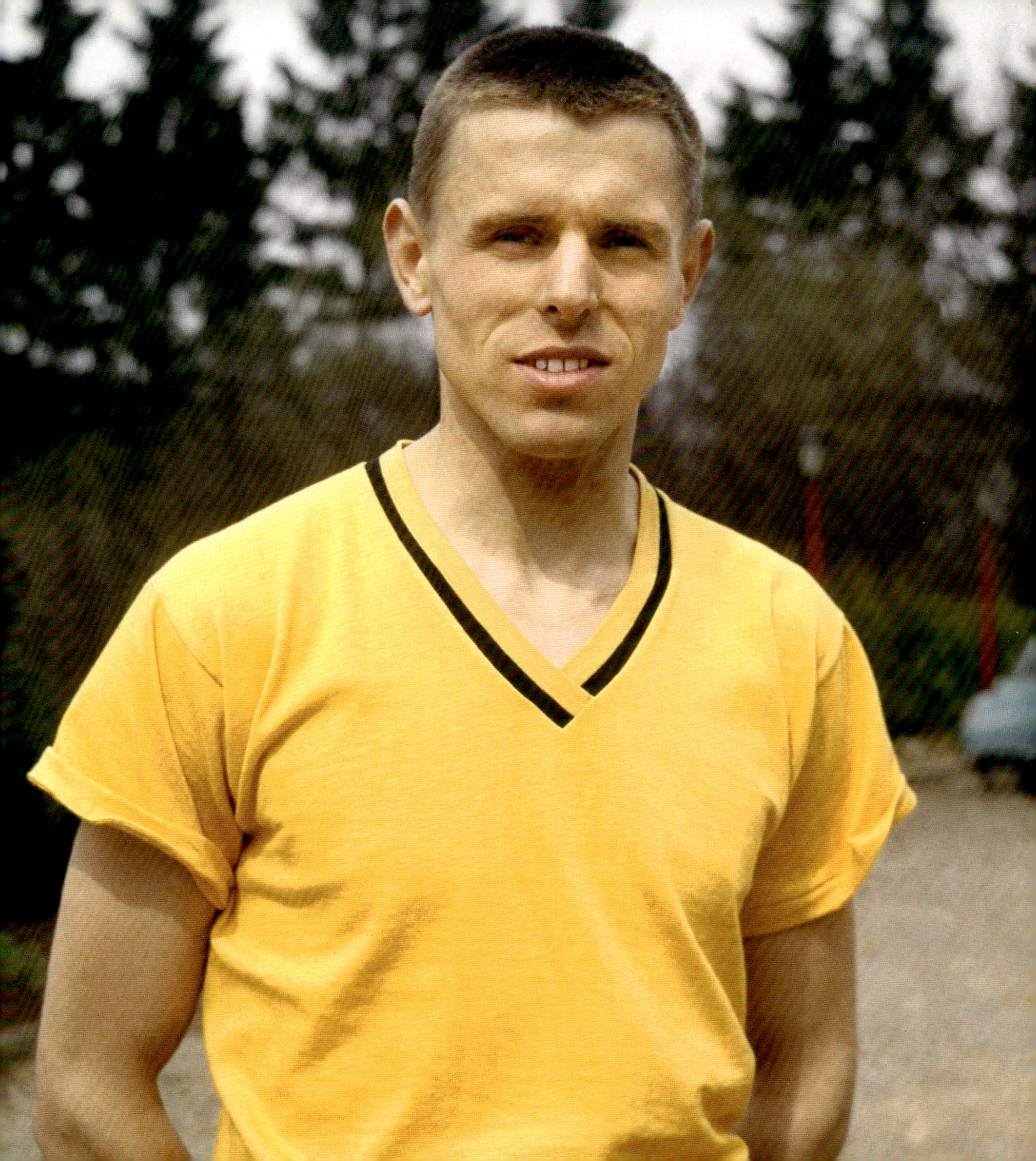

Saison 1963/64

UNS UWE

In den Gründerjahren ist der Hamburger Mittelstürmer Uwe Seeler ein Topstar der Liga. Der Sohn eines Hafenarbeiters hat das Fußballspielen auf den Trümmerbergen der im Zweiten Weltkrieg zerstörten Hansestadt gelernt. Der bodenständige Stirnglatzenträger widersteht einem Millionenangebot von Inter Mailand, was ihm deutschlandweit viele Sympathien beschert. Am Ende der ersten Bundesligasaison ist Seeler mit 30 Treffern Torschützenkönig, dreimal wird er in seiner Laufbahn Deutschlands »Fußballer des Jahres«. »Ein Mittelstürmer verbringt die meiste Zeit seines Lebens im Strafraum«, steht für ihn bereits zur aktiven Zeit fest.

»Ich entscheide die großen Dinge und meine Frau die kleinen. Welche Dinge groß und welche klein sind, entscheidet meine Frau.«

UWE SEELER

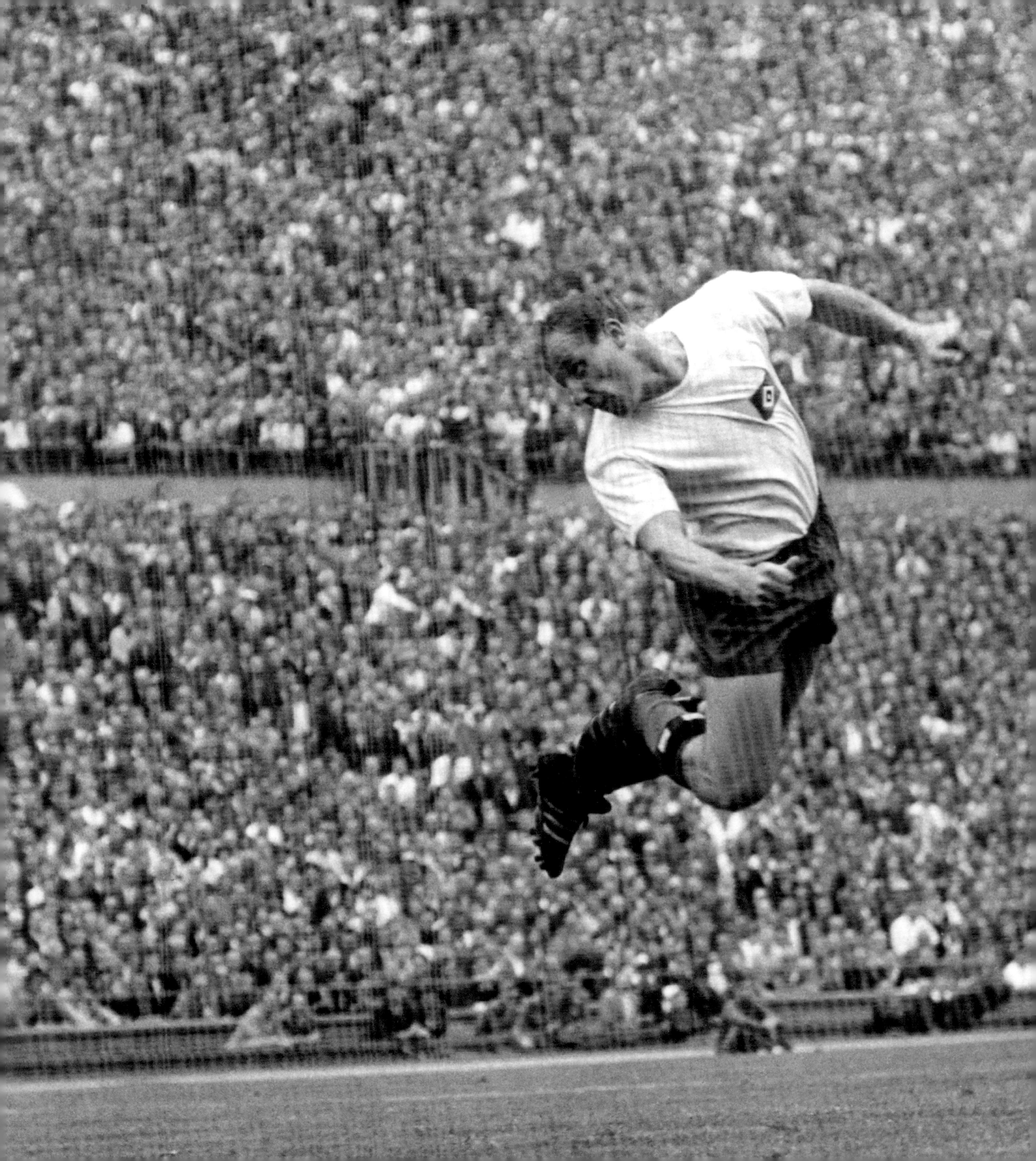

Saison 1966/67

DER MONARCH TANZT
Als Franz Beckenbauer die Bundesligabühne betritt, verändert sich die Sichtweise auf den modernen Profi. Der »Kaiser« arbeitet Fußball nicht mehr, er zelebriert ihn. Anders als an Stars wie Helmut Rahn oder Uwe Seeler bewundern die Fans an ihm nicht seine physische Präsenz und seinen Einsatzwillen, sondern seine Eleganz. Sogar Gegenspieler sind verzückt von der Leichtigkeit, die den Glamourboy aus Giesing auf dem Rasen umspielt. Und auch bei Frauen hat der junge Regent mächtig Schlag. Der damalige Bayern-Kapitän Werner Olk stellt schmunzelnd fest: »Wir Normalbegabten mussten uns auf ein Spiel vorbereiten, während Franzi sich aufgelockert hat.«

»In einem Jahr hab ich mal 15 Monate durchgespielt.«

FRANZ BECKENBAUER

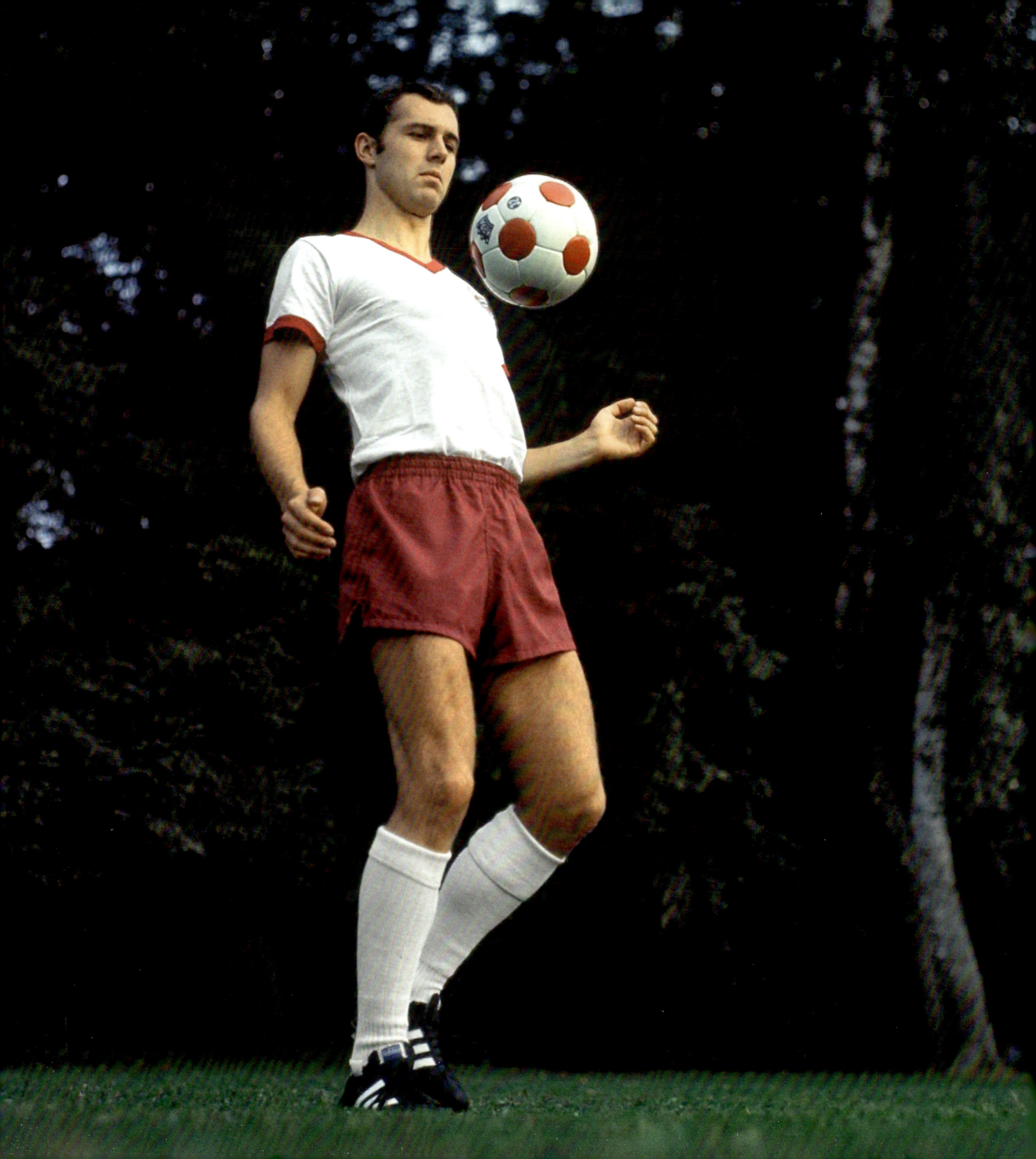

Saison 1972/73

DER SELFMADEMAN

Selbst in seiner Liebe zu teuren Autos nimmt Günter Netzer für sich noch gewisse Privilegien in Anspruch. »Für den typischen Ferraristi ist es Pflicht, einen roten Ferrari zu fahren. Ich selbst habe mich allerdings nur selten daran gehalten«, sagt der größte Popstar der Bundesligageschichte, hier mit einem knallgelben Ferrari Daytona. Seine teure Leidenschaft finanziert der Gladbacher Regisseur, indem er sein Profigehalt als Betreiber einer Diskothek und als Verleger der Stadionzeitung aufbessert. Seine blonde Mähne und der Seitenscheitel werden zum unverwechselbaren Kennzeichen des begnadeten Strategen, der auf dem Feld Zweikämpfe meidet und für die langen Wege seinen Wasserträger Herbert Wimmer hat.

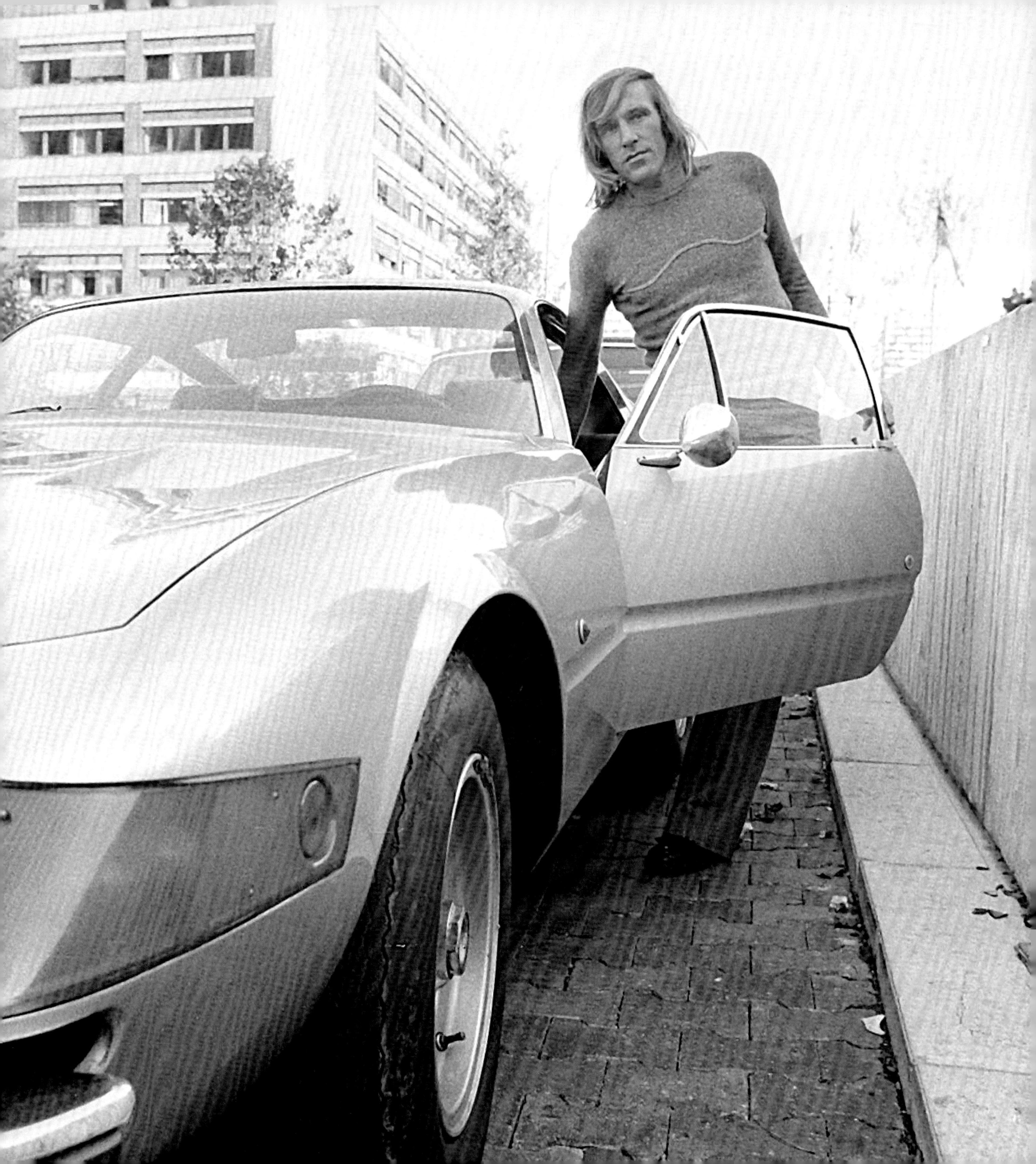

Saison 1976/77

Saison 1966/67

MEIN HAUS, MEIN AUTO, MEIN HSV
Obwohl der Ligaausschuss zum Start der Bundesliga für die Lizenzspieler anfangs noch Gehaltsobergrenzen festsetzt, verfügen Profis im Vergleich zum Normalbürger schon damals über einen hohen Lebensstandard. Zunehmend wird das Auto zum Statussymbol der Kicker. Während in Mönchengladbach schon bald Günter Netzer den Sportwagen zum untrennbaren Accessoire des progressiven Erstligastars machen wird, präsentiert sich HSV-Vorstopper Willi Schulz im Frühjahr 1967 noch vergleichsweise unprätentiös vor seinem neu gebauten Eigenheim mit der rasanteren Version der Familienkutsche – einem BMW 1800 TI.

DER GOLDENE PUDEL
Die Bilanz von 233 Bundesligaspielen und 30 Treffern für den VfL Bochum und den 1. FC Nürnberg ist für einen Abwehrspieler ganz passabel. Unvergessen wird Michael Eggert jedoch wegen seiner ausladenden Pudel-Krause bleiben. Als Mitte der 1970er-Jahre die Hippiemode der langen Matten in der Liga vorherrscht, liefert Eggert die ruhrpöttlerische Version des Afrolooks. In der Bochumer Elf ist er eine verlässliche Größe in der Verteidigung, und trotz Kuschellook geht er beim Verhindern gegnerischer Tore mit der erforderlichen Kompromisslosigkeit zu Werke.

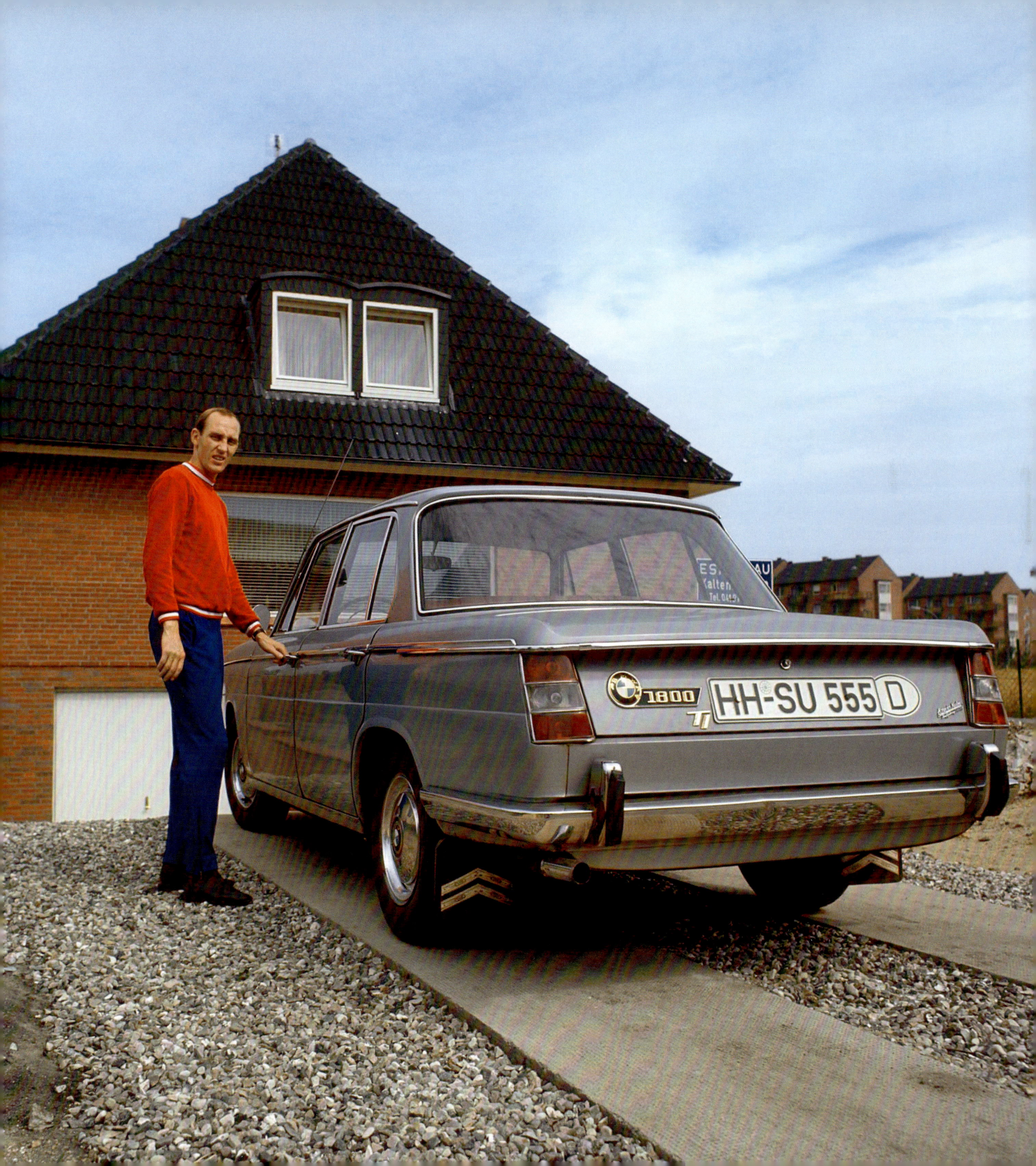
1800
TI
HH-SU 555
D

Saison 1981/82

BILLARDTISCHREVOLUZZER

Als Paul Breitner in den frühen 1970er-Jahren vor einem Mao-Bild posiert, wird er zum Inbegriff des politisierten Profis, der weit über den Tellerrand des Fußballgeschäfts hinausblickt. Erschließt sich ihm eine Entscheidung des Trainers nicht, hinterfragt Breitner sie. Sein Selbstverständnis lautet: »Ich habe nur immer meinen Finger in Wunden gelegt, die sonst unter den Tisch gekehrt worden wären.« Breitners erstaunliche Kondition, seine grandiose Technik und sein unvergleichlicher Überblick machen ihn trotz seiner Renitenz zum Schlüsselspieler des FC Bayern. Wie gut er mit dem Ball umzugehen vermag, beweist der Lebemann auch am heimischen Billardtisch.

Saison 1983/84

DER MANN, DER DEN ZÜGEN NACHSAH
Wenige Tage, nachdem der 18-jährige Olaf Thon beim 6:6 des FC Schalke 04 gegen den FC Bayern im DFB-Pokal drei Tore erzielt hat, präsentiert er sich einem Fotografen auf einer Gelsenkirchener Eisenbahnbrücke. Der junge Mann mit dem Oberlippenflaum ist waschechter Schalker, gibt aber zu, daheim in Bettwäsche des Rekordmeisters zu nächtigen. Sein Traum, für die Münchner zu spielen, wird sich schon bald erfüllen. Sein Spitzname lautet »Professor«, weil er mit pastoralem Sound Dinge gern ausführlich erklärt. Mitunter auch mit seltsamen Erkenntnissen: »Ja gut, ich sag mal so: Woran hat's gelegen? Das ist natürlich die Frage, und ich sag einfach mal: Das fragt man sich nachher natürlich immer!«

Saison 1994/95

DEN TIGER IM TANK
Während die frühen Stars der Liga ihrem Frisurenstil in der Regel treu bleiben, lässt Stefan Effenberg keinen Trend aus. Vom Extrem-Vokuhila bis zum Meckischnitt hat der Hamburger in seiner aktiven Bundesligazeit zwischen 1987 und 2003 so ziemlich jede Frisurenmode mitgemacht. Seinen Ruf als »Bad Boy« befeuert er zu Beginn der Spielzeit 1994/95 mit einer Wildkatzen-Tönung am Hinterkopf. Das Tiger-Antlitz wächst sich bald wieder raus, der Spitzname aber bleibt ihm erhalten. Auch wenn Effenberg der Nachwelt eher als Krawallmacher und Urheber des »Stinkefingers« in Richtung Fans überliefert wird, seine herausragenden fußballerischen Fähigkeiten dürfen nicht vergessen werden.

Saison 1984/85

EIN LODDAR MATTHÄUS
Bei keinem anderen Bundesligaprofi werden die fußballerischen Verdienste stärker von der öffentlichen Wahrnehmung der Person überlagert. Lothar Matthäus ist einer der besten Fußballer, die Deutschland je hatte. Doch leider redet der »Leitwolf« stets, wie ihm der Schnabel gewachsen ist. Während ihm auf dem Rasen kaum Fehler unterlaufen, lässt »Loddar« auf gesellschaftlichem Parkett kein Fettnäpfchen aus. In Zeiten, in denen Profis nun auch auf roten Teppichen flanieren, geht er an keinem Mikrofon vorbei. Im Mannschaftskreis gilt er als indiskret, weil er enge Verbindungen zu Boulevardreportern pflegt. Das Foto zeigt Lothar Matthäus bei einer Autogrammstunde der Popzeitschrift »Bravo« im Mai 1985.

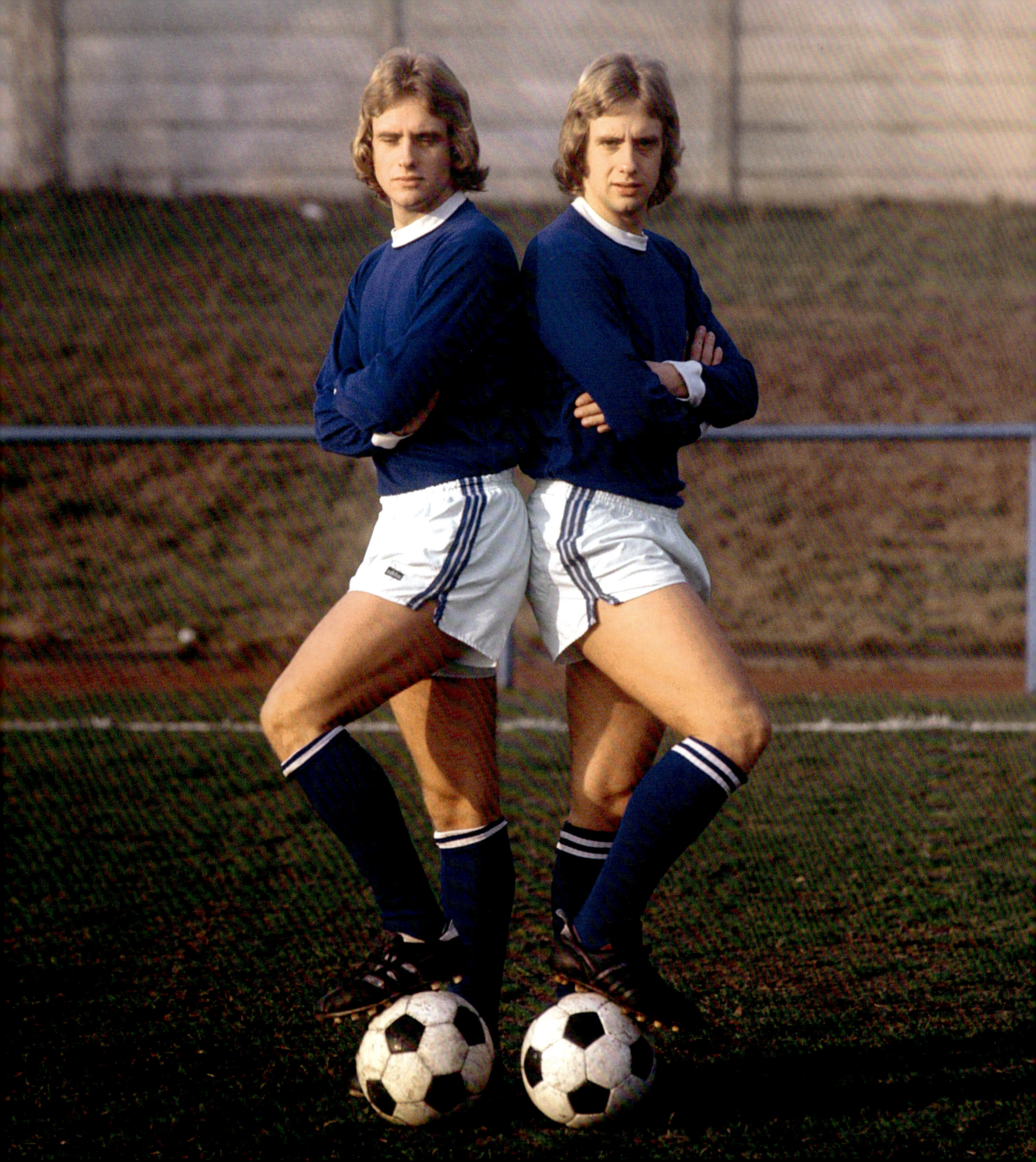

Saison 1975/76

DOPPELT HÄLT BESSER

Die Kremers-Zwillinge sorgen nicht nur wegen ihrer Ähnlichkeit für Schlagzeilen. Die Schalker Ikonen setzen auch mit skurrilen Aktionen Maßstäbe. Jedoch nicht immer nur positive. So bringt sich Erwin Kremers um einen festen Platz im WM-Kader 1974, weil er am letzten Spieltag der Saison 1973/74 vom Platz gestellt wird, nachdem er Schiedsrichter Max Klauser mitgeteilt hat: »Sie pfeifen wie ein Arsch.«. Sein Bruder Helmut unterläuft schon bald darauf das eiserne Regiment, das Max Merkel auf Schalke führt, indem er den Coach während eines Spiels fragt, ob er mal auf die Toilette dürfe.

»Wenn wir früher gegen Dortmund gespielt haben, haben wir uns dafür nicht mal umgezogen.«

HELMUT KREMERS

HARTPLATZMATADORE

Fortuna Düsseldorf erlebt nicht zuletzt wegen der Allofs-Brüder Ende der 1970er-Jahre eine Hochkonjunktur in der Bundesliga. Die beiden schnauzbärtigen Offensivspieler schießen Fortuna 1979 sogar ins Europacupfinale der Pokalsieger gegen den FC Barcelona. Eine Zeitschrift bittet die beiden Toreros deshalb zum standesgemäßen Fotoshooting. Klaus (rechts) und Thomas Allofs gewinnen jeweils die Torjägerkanone der Liga – als einziges Brüderpaar in der Geschichte. Klaus, drei Jahre älter als der Bruder, ist zudem der einzige Spieler, dem diese Ehre bei zwei Clubs zuteil wird: 1979 als Stürmer von Fortuna Düsseldorf und 1985 beim rheinischen Nachbarn, dem 1. FC Köln.

Saison 2011/2012

DEUTSCHLAND SUCHT DEN SUPERSTAR
Mit einem verschmitzten Lächeln nimmt Mario Götze die Ehrung der Jugendzeitschrift »Bravo Sport« vor 81 000 Fans im Dortmunder Stadion entgegen. Gleich doppelt haben die Leser den Youngster des BVB mit dem »Bravo Otto« ausgezeichnet. Götze wird vom Teenie-Publikum der Zeitschrift nicht nur zum »besten Spieler des Jahres 2011« gewählt, sondern ist auch Teil der »besten Mannschaft«. Professorensohn Götze ist ein prägender Kopf der jungen Dortmunder Mannschaft, die unter Jürgen Klopp zum internationalen Spitzenteam reift. Der quirlige Angreifer besitzt alle Anlagen für einen Weltstar von morgen: Götze verfügt über herausragendes Talent, ist eloquent und sieht aus wie ein Boygroup-Sänger.

MITTENDRIN, STATT NUR DABEI.
SCHRÄGE VÖGEL UND ECHTE TYPEN.

Sie stehen im Halbschatten, während sich
die Profis im Blitzlichtgewitter sonnen.
Und doch prägen sie auf unterschiedliche
Weise nachhaltig das Leben in der Liga.
Populäre Randfiguren, skurrile Begleiter
und gute Seelen.

Saison 1987/88

MASKOTTCHEN OF SCHALKE
Als der Kneipenwirt und gelernte Bäcker Charly Neumann von einem ausländischen Reporter nach seiner Funktion gefragt wird, sagt er: »I am the Maskottchen of Schalke.« Im Amtsdeutsch schimpft sich der ehemalige Jugendwart der Knappen ab 1976 »Mannschaftsbetreuer«. Zur Kultfigur wird Neumann durch seine inszenierten Diäten, »Charlys Hungertage«, und seine Fähigkeit, den wechselhaften Erfolg des Schalke 04 optisch widerzuspiegeln. Als die Königsblauen 2001 zum »Meister der Herzen« werden, bietet Neumann zahllosen flennenden Fans seine Schulter zum Anlehnen. Nach seinem Tod 2008 wird er als erster Nicht-Fußballer in die Schalker Hall of Fame, in die »Ehrenkabine«,

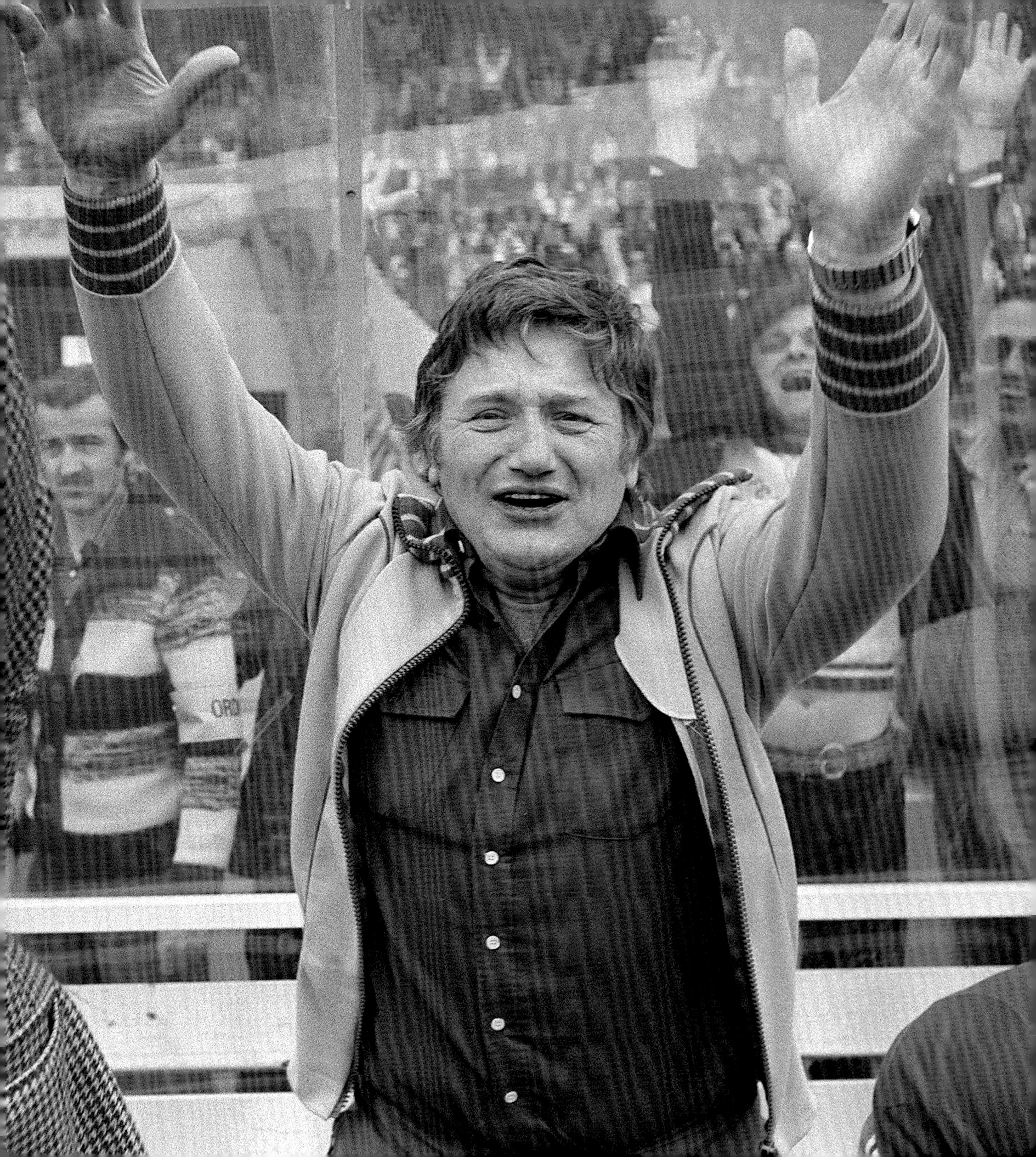

Saison 1990/91

»Außer Hermann könnt ihr alle gehen!«

SCHLACHTRUF DER HSV-FANS UM 1995

DAS HERMANN-DENKMAL
Eigentlich arbeitet der ehemalige Ski-Trainer Hermann Rieger in der Saison 1977/78 als Physiotherapeut beim FC Bayern, als Manfred Kaltz den urigen Mittenwalder zum Hamburger SV lotst. Dort avanciert Rieger mit seinem knackigen oberbayerischen Akzent und seiner bärigen Lockenpracht schnell zum Publikumsliebling. Die Anhänger gründen einen Fanclub zu seinen Ehren (»Hermanns treue Riege«), und Spieler schütten dem geduldigen Masseur auf der Streckbank ihr Herz aus. Ernst Happel nennt ihn liebevoll seinen »Geschnitzten«. Rieger bedankt sich für so viel Zuneigung, indem er dem HSV bis zum Rentenalter im Jahre 2005 treu bleibt.

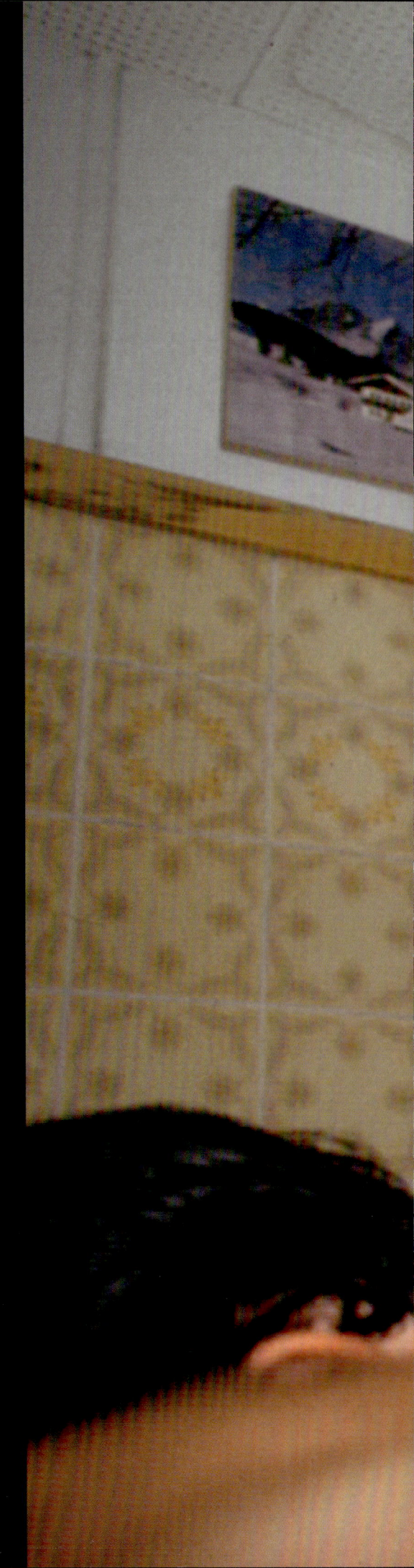

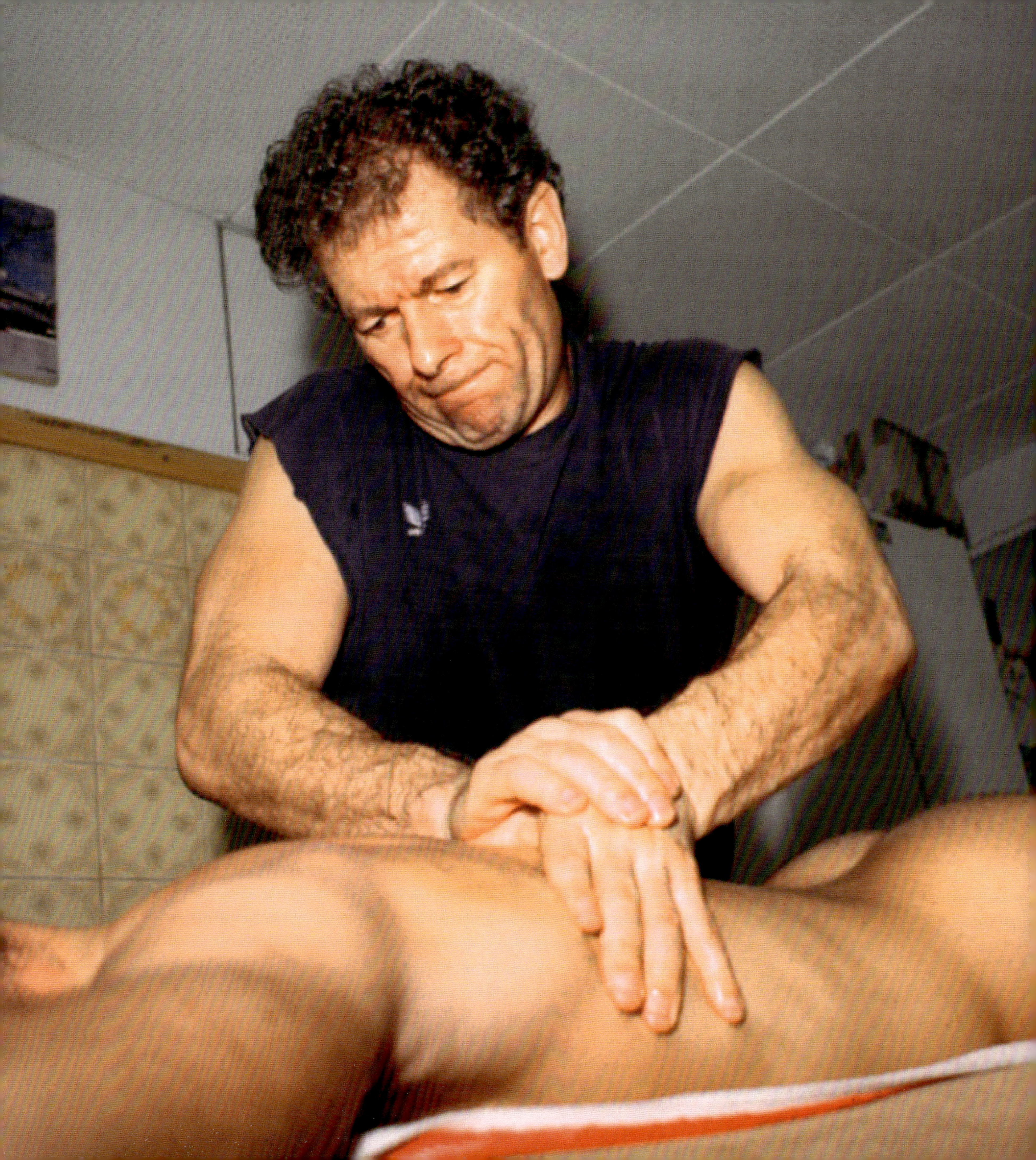

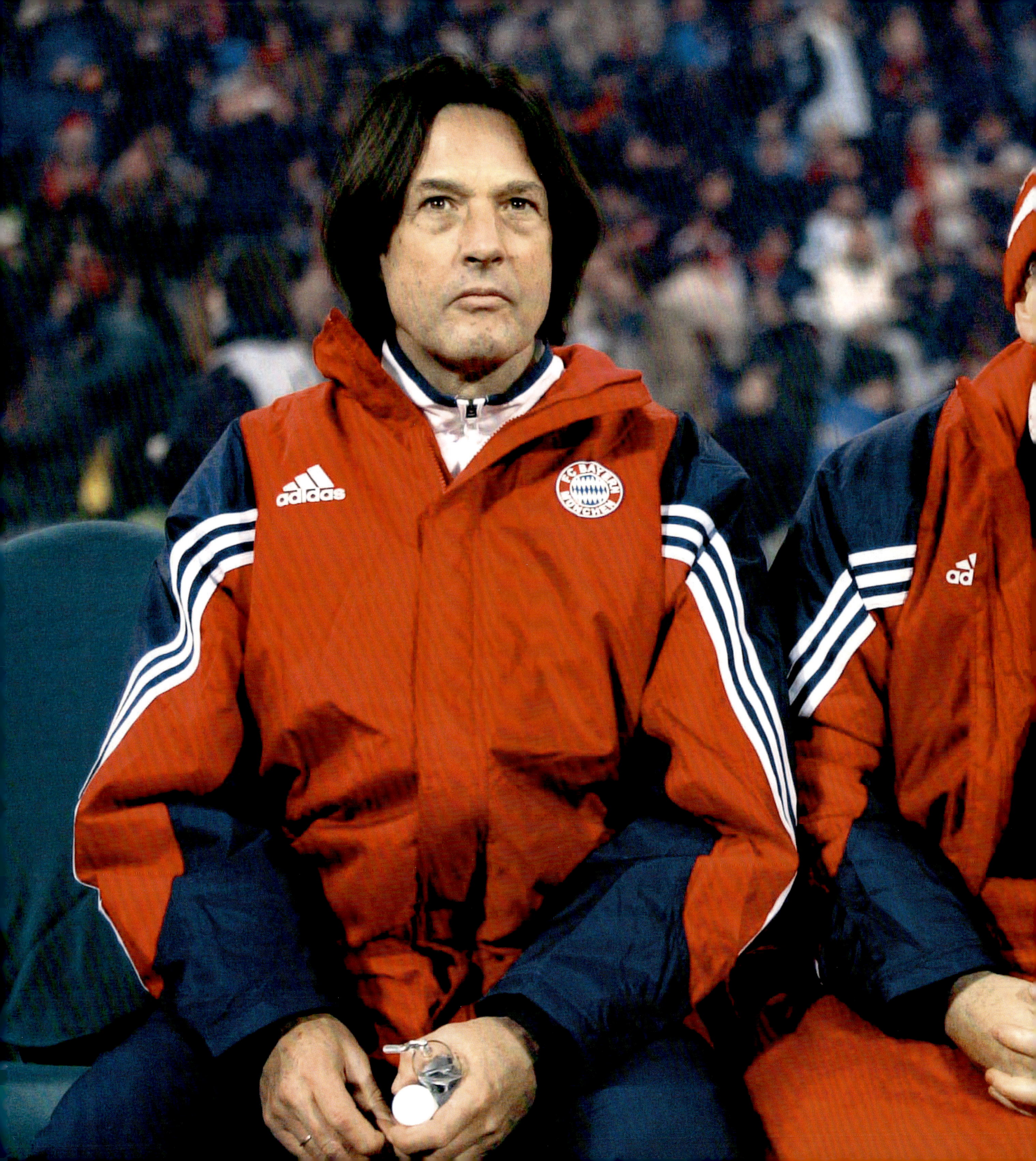
adidas
FC BAYERN MÜNCHEN

Saison 2003/2004

DER MEDIZINMANN
Der alte Indianer links von Uli Hoeneß hat den Bayern-Manager schon zur aktiven Zeit unter seinen Fittichen. Hans-Wilhelm Müller-Wohlfahrt – Spitzname »Dr. Mull« – zeichnet seit 1977 verantwortlich für die medizinische Abteilung an der Säbener Straße, zuvor hat er sechs Jahre die Profis von Hertha BSC betreut. Doch der Orthopäde aus Ostfriesland flickt nicht nur die Stars seiner Arbeitgeber zusammen. In der Praxis der Koryphäe tummelt sich über die Jahre alles, was im weltweiten Sport Rang und Namen hat. Seit 1995 ist Müller-Wohlfahrt auch Arzt bei der Nationalmannschaft. Zuletzt bedankt sich 100-Meter-Läufer Usain Bolt für »Mulls« Unterstützung im Vorfeld der Olympischen Spiele 2012.

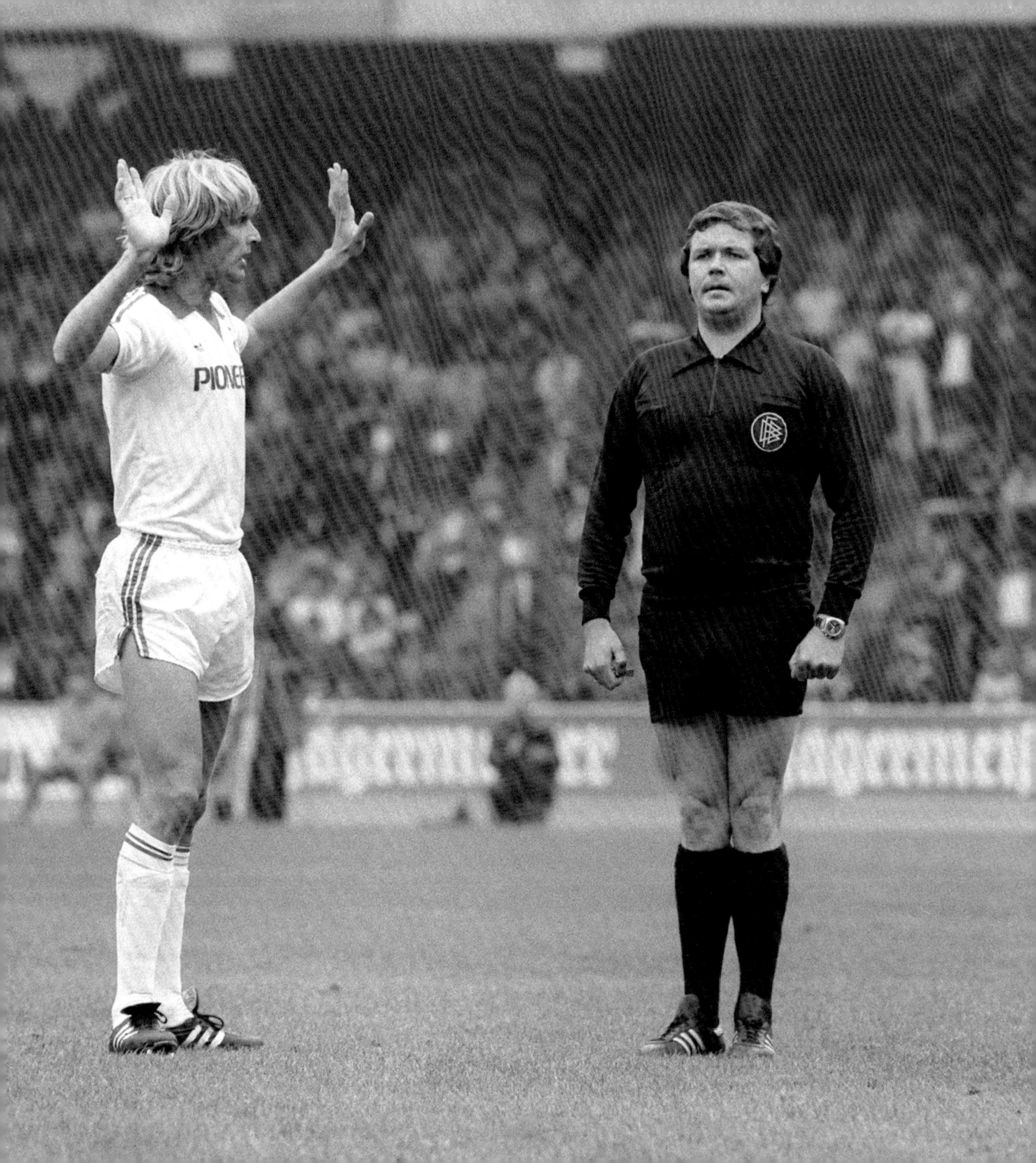

Saison 1979/80

FANTA MIT SCHUSS
Als Paul Breitner Referee Wolf-Dieter Ahlenfelder einst anmault: »Ahli, du pfeifst wie ein Arsch!«, kontert der Oberhausener Kugelblitz mit »Paul, und du spielst wie ein Arsch«. Sanktionen spricht der schlagfertige Unparteiische (Foto, mit Kölns Herbert Neumann) nur in Notfällen aus, er schlichtet lieber im verbalen Schlagabtausch. Zwischen 1975 und 1988 ist der rundliche Schiri vom Niederrhein ein Blickfang in der Liga. Zu zweifelhaftem Ruhm kommt er, als er in der Partie zwischen Werder Bremen und Hannover 96 im November 1975 nach 32 Minuten zur Halbzeit pfeift. Hinterher stellt sich raus, dass Ahlenfelder beim Mittagessen ein Bier und einen Aquavit zu sich genommen hat. Sein Kommentar: »Männer trinken nun mal keine Fanta.«

»Bleib auf deinem Hintern sitzen, sonst komme ich mit Pattex zu deiner Bank.«
WOLF-DIETER AHLENFELDER ZU OTTO REHHAGEL

Saison 1996/97

PIONIER DER FANKULTUR

Mit seinem Trommeln glaubt »Manolo« sogar die Spieler zum Passen auffordern zu können. 25 Jahre lang sitzt er mit seinem Instrument am Bökelberg auf dem Zaun und gibt seinen ganz eigenen Spielrhythmus vor. Der Mann, der eigentlich Ethem Özerenler heißt, ist türkischer Gastarbeiter. Am Niederrhein arbeitet er in einer Spinnerei, als 1977 seine Liebe zur Borussia entflammt. Noch sind die Gladbacher ein europäischer Spitzenverein, doch der Trommler bleibt dem Club bis zu seinem Tod 2002 auch in den Untiefen der Zweiten Liga treu. »Manolo« ist einer der ersten Anhänger in der Ligageschichte, der das öffentliche Bild seines Clubs mitprägt.

»Keiner trommelt wie ich. Ein einzelner Schlag. Bamm. Das heißt für die Spieler: Ball halten.«

ETHEM ÖZERENLER ALIAS »MANOLO«

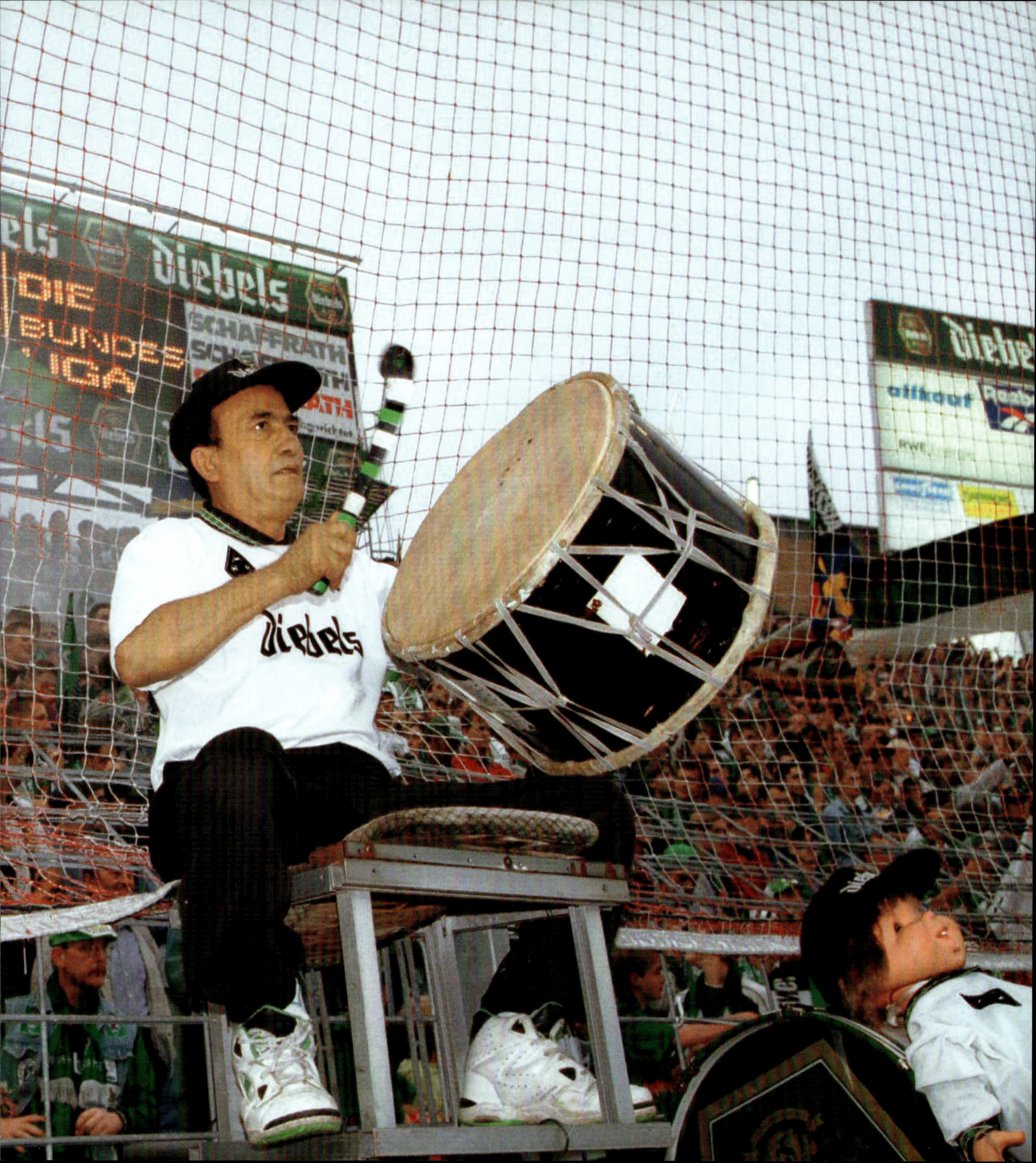
Diebels
DIE
BUNDES
Diebels

LOLEK, BOLEK UND DIE BANANENFLANKE.
GENIALE KOLLABORATEURE.

Blindes Verständnis lässt sich nicht trainieren. Wenn Teamkameraden harmonieren, als seien sie aufeinander programmiert, sorgen diese Achsen bei ihren Clubs meist für große Erfolge. Von magischen Dreiecken und kongenialen Duetten.

Saison 1995/96

TICK, TRICK UND TRACK
Zwei Jahre lang mischen der Brasilianer Giovane Élber, der Bulgare Krassimir Balakow und der Deutsch-Kroate Fredi Bobic (v. l.) den VfB Stuttgart auf. Als »Magisches Dreieck« zelebrieren sie unter den Trainern Rolf Fringer und Jogi Löw bis Sommer 1997 atemberaubenden Angriffsfußball. Élber ist der technisch versierte Angreifer, der für Überraschungsmomente sorgt. Bobic der gradlinige Handwerker, der jede Chance zu nutzen versucht. Und Balakow der geniale Strippenzieher dahinter, der wie ein großer Bruder die beiden Torjäger paritätisch mit Pässen versorgt. Bobic sagt: »Das Geheimnis war, dass wir uns den Erfolg nie neideten.«

»Giovane war mein Zimmernachbar. Wenn er telefonierte, brauchte ich Ohropax, so laut quasselte er.«
FREDI BOBIC

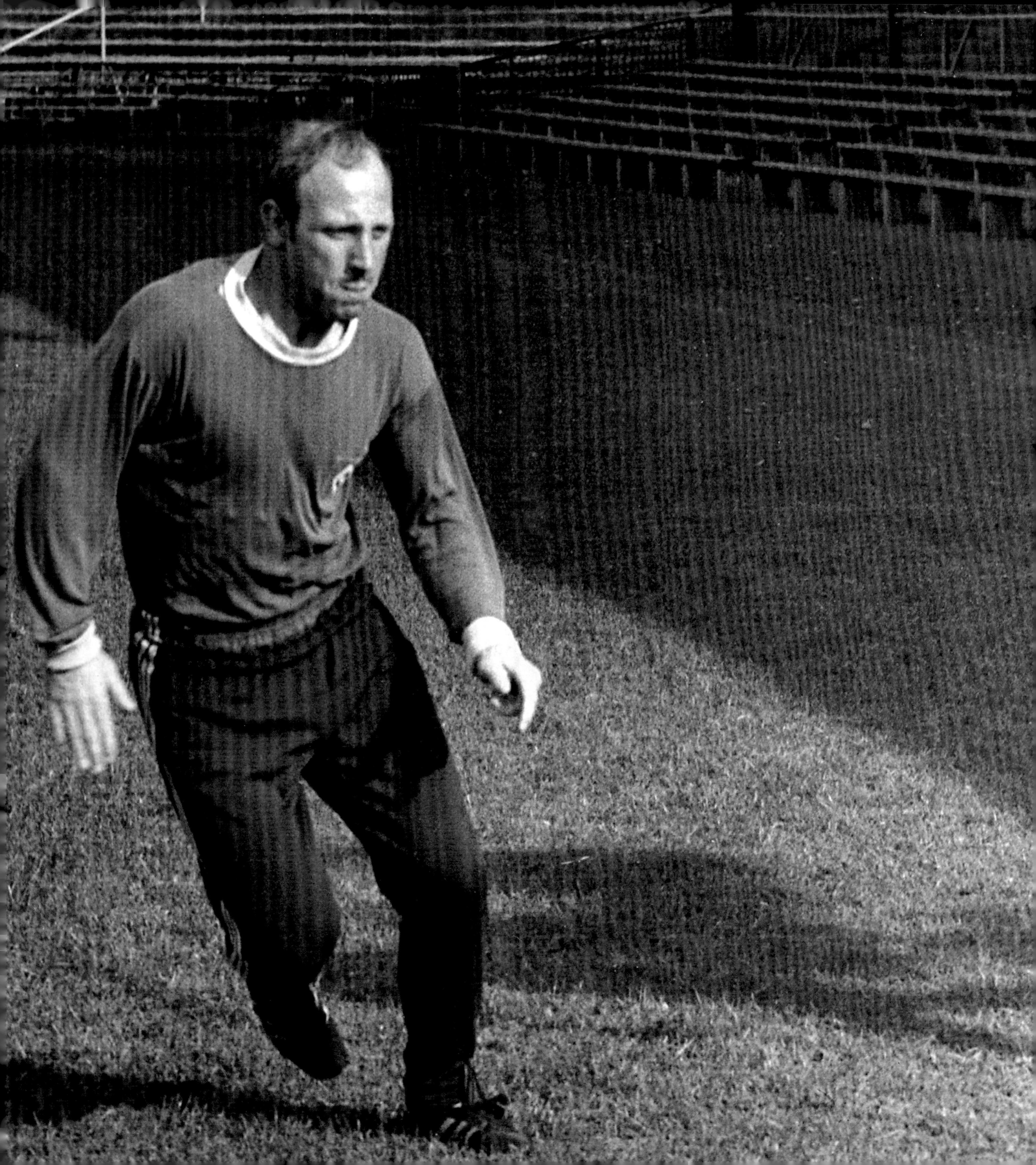

Saison 1970/71

GOTT UND SEIN MITTELSTÜRMER

Bei den Heimspielen des Hamburger SV im Stadion am Rothenbaum schallt ein Fangesang von den Rängen: »Charly gibt die Flanke, Uwe köpft sie rein« intoniert der Anhang. Gert »Charly« Dörfel und Uwe Seeler funktionieren wie ein gut geöltes Scharnier, wenn sie für die Rothosen auf Torejagd gehen. Schon ihre Väter sind für den Hamburger SV aufgelaufen. Doch während Seeler der Ruf als bodenständiger Mittelstürmer vorauseilt, gilt Dörfel als schräger Vogel, dessen Extrovertiertheit ihn ständig mit Trainern kollidieren lassen. 13 Jahre setzen der »Flankengott« und »Uns Uwe« die Akzente im Hamburger Angriffsspiel, ehe HSV-Coach Klaus-Dieter Ochs Dörfel durch den Franken Georg Volkert ersetzt.

Saison 1991/92

ZURÜCK IN DIE ZUKUNFT

Ihre Zusammenarbeit ist wie ein Versprechen an die Fans der Frankfurter Eintracht. Als der Hesse Andreas Möller 1990 vom BVB nach Frankfurt zurückkehrt, findet der Hochgeschwindigkeitsangreifer in dem ehemaligen Offenbacher Uwe Bein einen idealen Zulieferer. Der Mittelfeldregisseur ahnt jede Gasse voraus, in die der phlegmatische Möller zu schießen vermag. Zwei Jahre lang bilden die beiden mit Libero Manfred Binz und Mittelstürmer Anthony Yeboah eine Viererachse, die Anfang der 1990er-Jahre Fußball von einem anderen Stern zelebriert. Doch Querelen innerhalb der Mannschaft sorgen dafür, dass die Eintracht mit ihrem verheißungsvollen »Fußball 2000« das Versprechen auf die Meisterschaft nicht einlöst.

Saison 1966/67

KEIMZELLE DES GLOBAL PLAYERS

Wie drei Welpen blicken Franz Beckenbauer, Gerd Müller und Sepp Maier aus dem Fenster der Bundesbahn. Kein anderes Trio hat die Bedeutung eines Clubs nachhaltiger geprägt als die drei Herren, die ab der Saison 1964/65 gemeinsam in der ersten Mannschaft des FC Bayern spielen. Keeper Maier, die »Katze aus Anzing«, revolutioniert das deutsche Torwartspiel, Beckenbauer interpretiert den Libero als Spielmacher und Gerd Müller ist eine unwiderstehliche Tormaschine. Gemeinsam gewinnen »Maiermüllerbeckenbauer« vier Meistertitel und viermal den DFB-Pokal, dazu dreimal den Landesmeistercup, den Europacup der Pokalsieger und den Weltpokal. Eine Bilanz für die Ewigkeit.

PAT & PATACHON

Als der FC Bayern im Sommer 2007 die Champions-League-Qualifikation verpasst, greift das Management tief in die Tasche, um die Lebensfreude zurück an die Säbener Straße zu holen. Für insgesamt 36 Millionen Euro verpflichten die Münchner den französischen Ausnahmeathleten Franck Ribéry und Italiens Sturmtank Luca Toni. Fortan bietet sich auf den Bundesligaplätzen ein wiederkehrendes Schauspiel: Ribéry wuselt sich in atemberaubender Geschwindigkeit durch die Abwehrreihen des Gegners, passt auf den langen Toni, der in Abstaubermanier das Leder in die Maschen semmelt und das Tor mit einer seltsamen Ohrmuschel-Handbewegung feiert. In drei gemeinsamen Jahren erzielt das ulkige Legionärsduo über 80 Treffer für den FC Bayern.

LOLEK, BOLEK & LEWA

Die Meisterelf von Borussia Dortmund 2012 präsentiert sich als homogenes Gesamtkunstwerk, bei dem es sich eigentlich verbietet, einzelne Spieler herauszustellen. Dennoch ist beeindruckend, wie gut drei polnische Importe sich in das Gefüge aus vielen Jungtalenten und einigen Routiniers fügen: Mittelstürmer Robert Lewandowski (l.) mit seinen 22 Treffern, Abwehrorganisator Łukasz Piszczek (M.) und Jakub »Kuba« Błaszczykowski im Mittelfeld sind das Rückgrat von Jürgen Klopps Kader. Weil sich der Trainer mit den Konsonantenabfolgen schwer tut, ruft er Piszczek und Kuba im Training nach dem polnischen Zeichentrickduo »Lolek & Bolek«. Die Stimmung im Team scheint bestens zu sein.

Saison 1978/79

UNGEHEUER EFFEKTIV

Das Prinzip ist einfach. Zumindest beschreibt es Horst Hrubesch so: »Manni Bananenflanke, ich Kopf – Tor!« Dahinter verbirgt sich in den Jahren 1978 bis 1983 jedoch ein höchst effektiver Automatismus. Kaltz, der rechte HSV-Verteidiger mit den heruntertängenden Stutzen, schaltet sich zu einer Zeit, in der Abwehrspieler weitgehend noch mit dem Zerstören des gegnerischen Spiels beschäftigt sind, ständig in den eigenen Angriff ein. Er perfektioniert die geschwungene Flanke zu einer Art Drehschuss, die mit höchster Präzision auf dem Schädel von Hrubesch im Sturmzentrum landet – und von dort meist ins Tor prescht. Das Bild zeigt das Duo bei seiner ersten gemeinsamen Meisterfeier im Mai 1979 mit den Fans.

»Ich brauch nur dieses eine Wort zu sagen: Herzlichen Dank.«

HORST HRUBESCH

BUNTE LIGA. DIE SPEKTAKULÄRSTEN LEGIONÄRE.

Saison 1977/78

DANISH DYNAMITE

Als Hennes Weisweiler den nur 1,65 Meter großen Dänen in der Winterpause 1972/73 für 200 000 Mark an den Bökelberg holt, hat sein Spielmacher Günter Netzer Zweifel an dessen Eignung: »Den pusten sie hier doch um.« Tatsächlich braucht Allan Simonsen zwei Jahre, um sich zu akklimatisieren. Nach Netzers Weggang startet er durch. Das Bild zeigt ihn mit Ehefrau Gitte in seinem erfolgreichsten Jahr mit der Borussia: 1977 gewinnt er seinen dritten Meistertitel, spielt mit Gladbach im Finale des Landesmeisterpokals und wird Europas »Fußballer des Jahres«. Nach 178 Ligaspielen und 76 Treffern verlässt der kleine Däne 1979 den Niederrhein und setzt seine Glückssträhne beim FC Barcelona fort.

Saison 1968/69

»Bestes Torwart von Welt.«
PETAR RADENKOVIĆ

KÖNIG DER GUTEN LAUNE
Für den jugoslawischen Torhüter ist der Rasen eine Showbühne. Schon der Vater von Petar »Radi« Radenković tingelt als Folkloresänger durch Europa. Sein Sohn erbt das Unterhaltungstalent und nutzt jede Gelegenheit für spektakuläre Aktionen, Dribblings und waghalsige Ausflüge aus seinem Kasten. Dennoch erlebt der TSV 1860 München mit Radenković als Rückhalt zwischen 1962 und 1970 seine erfolgreichsten Jahre. Seine Popularität verhilft dem Schlussmann zwischenzeitlich sogar zu einer veritablen Hitparaden-Karriere. Seine Single »Bin i Radi, bin i König«, auf der er auch seinen serbokroatischen Akzent verhohnepipelt, verkauft sich 400 000-mal. Das Bild zeigt ihn mit Tochter Naols beim Rodelausflug.

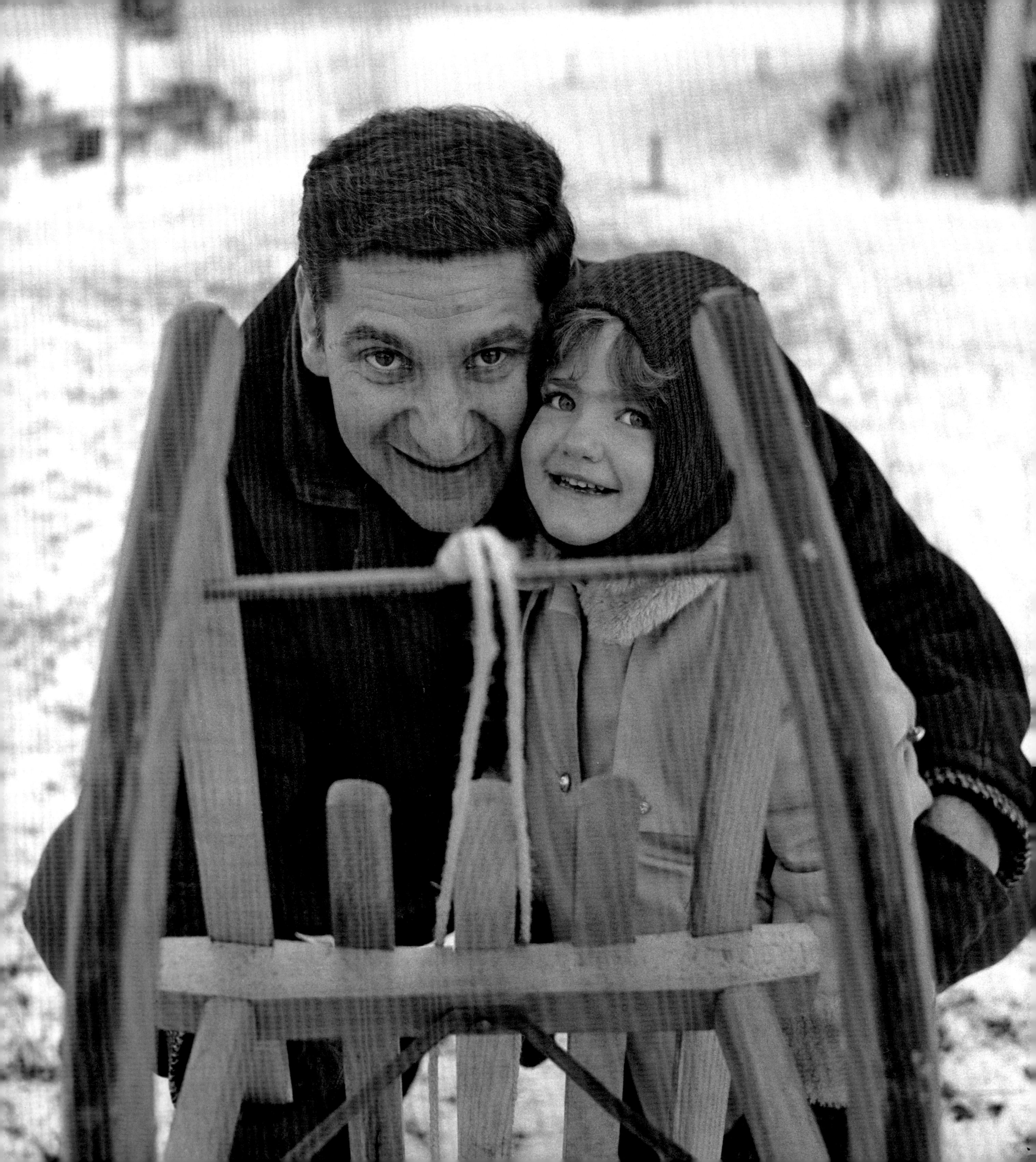

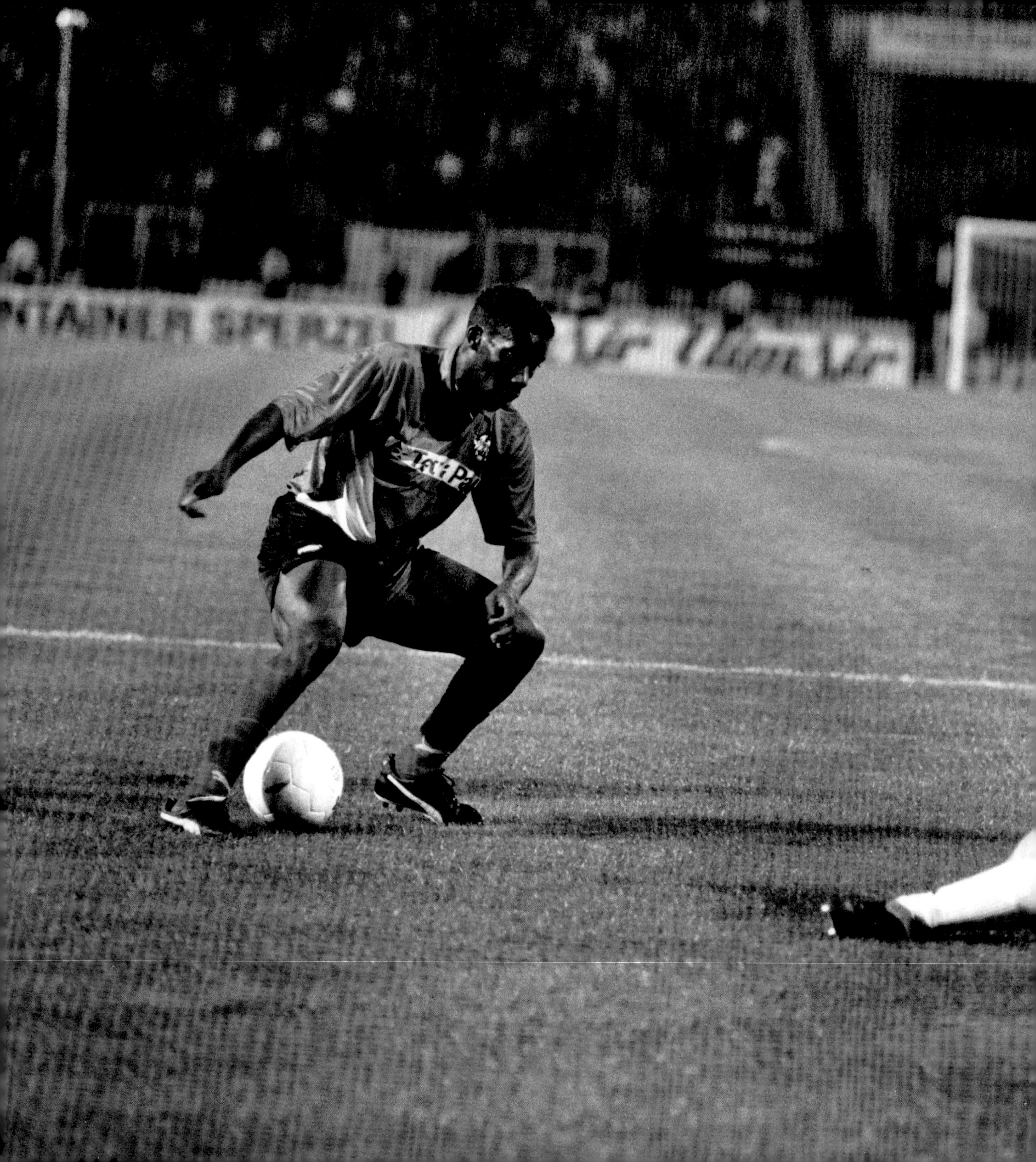

Saison 1993/94

DER TAUMELNDE TITAN
Es wirkt wie eine Szene aus »Tom & Jerry«. Eintracht Frankfurts Jay-Jay Okocha umspielt mit ungeheurer Lässigkeit zunächst die gesamte Abwehr des Karlsruher SC und lässt zum Schluss auch noch den hünenhaften Oliver Kahn ins Leere grätschen. Als der Nigerianer zum 3:1-Siegtreffer einschießt, scheint es, als taumle die gesamte KSC-Verteidigung. Okocha hat sie schwindelig gespielt, und sein Dribbel-Treffer wird zum »Tor des Jahres« erkoren. Obwohl der Angreifer nur 90 Bundesligaspiele absolviert, geht er in diesem Moment ins kollektive Gedächtnis von Fußballdeutschland ein. »Ich habe das Loch gesucht«, erklärt er im Nachhinein kleinlaut, warum er den KSC so vorführen musste.

»Schieß endlich, schieß, habe ich acht-, neunmal gebrüllt.«
EINTRACHT-COACH KLAUS TOPPMÖLLER

DER LAUERNDE KUGELBLITZ

Nach sechs Jahren beim SV Werder steht Ailton im Zenit seiner Schaffenskraft. Der gedrungene Brasilianer wird als erster Ausländer zum »Fußballer des Jahres« gewählt. Mit 28 Ligatoren hat der Angreifer seinen Club praktisch im Alleingang zur Meisterschaft – und nebenbei auch zum Pokalsieg – geschossen. Das Double im Sommer 2004 mit dem SV Werder markiert für den Brasilianer auch das Ende seiner Zeit an der Weser. Nach der letzten Samba vor dem Bremer Rathaus bricht er gen Schalke auf, wo er einen Vertrag unterzeichnet hat. Doch die Ruhe von der Weser wird ihm fehlen. Weder in Schalke noch beim HSV oder in Duisburg kann er an alte Erfolge anknüpfen.

Saison 1978/79

MIGHTY MOUSE

Als Kevin Keegan 1977 für 2,3 Millionen Mark zum Hamburger SV wechselt, enttäuscht er zunächst alle Kritiker. Erst ein Jahr später, unter Branko Zebec, blüht der trickreiche Angreifer aus Yorkshire auf. Nachdem er im Winter 1978/79 nach der Schneekatastrophe im Volksparkstadion bei den Räumungsarbeiten (Foto) mit angepackt hat, begibt er sich ins Plattenstudio. Seine Single »Head over Heels in Love« schafft es bis auf Platz zehn der deutschen Charts. Schließlich trägt »Mighty Mouse« mit 17 Toren auch nachhaltig zum ersten Bundesligatitel der Hamburger im Jahre 1979 bei. 1978 und 1979 wird er zu Europas »Fußballer des Jahres« gewählt. Die Hanseaten verehren ihn wie einst Uwe Seeler – bis heute.

DER MILLIONEN-MANN

Im Sommer 1976 wird eine Schallmauer durchbrochen. Waren im Gründungsjahr der Liga nur Transfergelder bis zu 50 000 Mark zulässig, zahlt der 1. FC Köln für Roger van Gool eine Million als Ablöse an den FC Brügge. Doch der belgische Außenstürmer passt gut in das System von Coach Hennes Weisweiler. In 96 Ligaspielen erzielt van Gool 28 Tore, und am Titelgewinn des 1. FC 1978 ist er maßgeblich beteiligt. Die Investition in den Belgier zahlt sich jedoch nicht nur sportlich aus: 1980 verkauft das Kölner Management van Gool, der verletzungsbedingt in seiner letzten Saison am Rhein nur noch sporadisch spielt, weiter zu Coventry City – für 1,2 Millionen Mark.

Saison 1998/99

DER STAR AM NEUEN MARKT

Die Globalisierung sorgt in den 1990er-Jahren dafür, dass auch Bundesligaclubs beginnen, sich neuen Märkten zu öffnen. Das Erstarken der Wirtschaftsmacht China eröffnet auch in Fernost neue Vermarktungsmöglichkeiten, weshalb Vereine versuchen, ihre Bekanntheit in diesem Winkel der Erde über die Transferpolitik zu steigern. Der erste Chinese, der für einen Bundesligisten aufläuft, ist Chen Yang, den Eintracht Frankfurt im Juli 1998 an den Riederwald holt. Wer erwartet hat, dass der Mann aus Peking nur als Marketingwerkzeug taugt, wird enttäuscht. In drei Jahren absolviert Chen Yang 93 Spiele für die Eintracht und erzielt dabei 21 Tore.

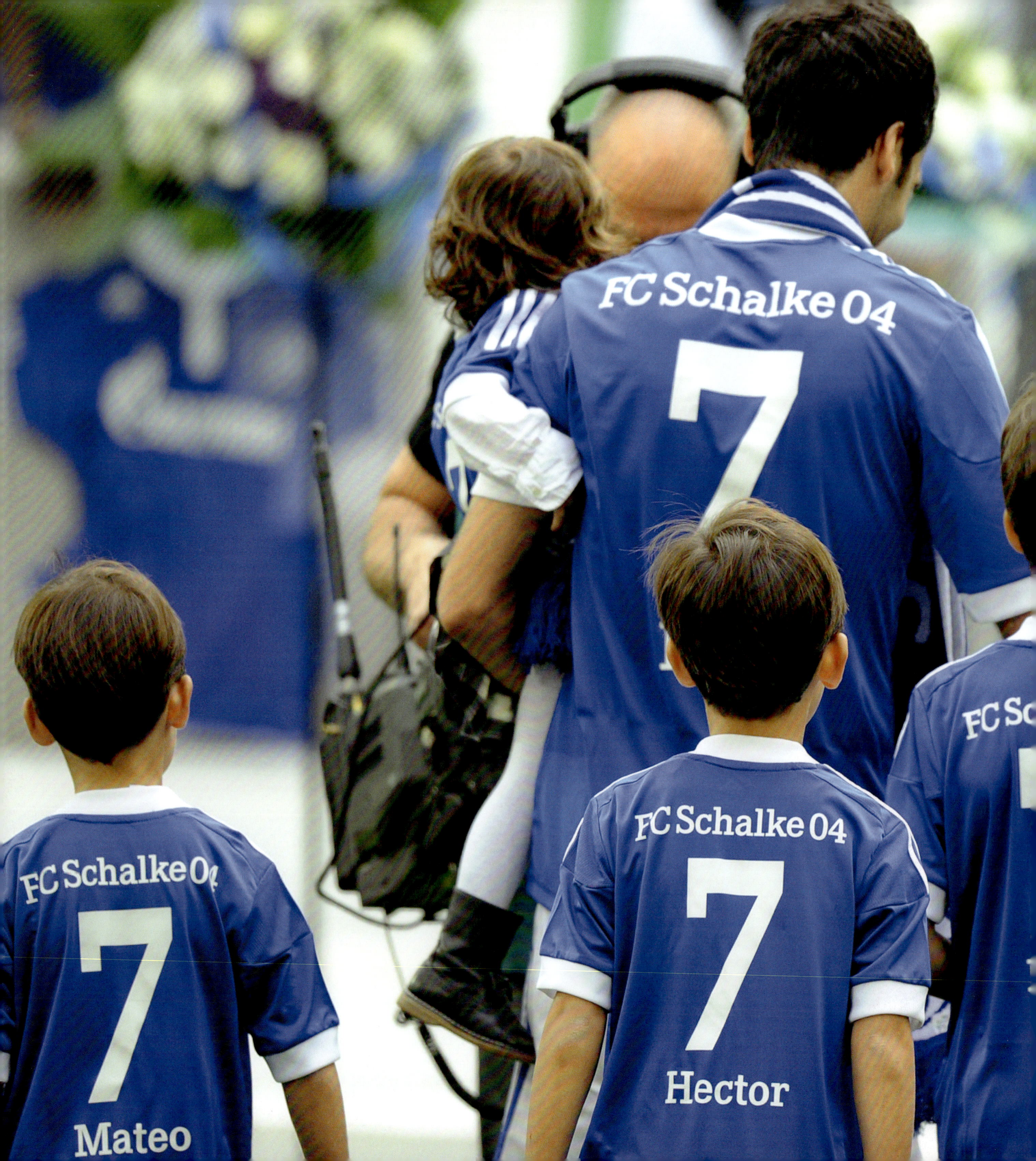
FC Schalke 04
7
FC Schalke 04
7
Mateo
FC Schalke 04
7
Hector

Saison 2011/2012

EIN GALAKTISCHER KNAPPE

Sein gesamtes Profileben hat Raúl González Blanco bei Real Madrid verbracht, als er im Sommer 2010 nach Schalke wechselt. Kritiker sind skeptisch, ob sich der verhätschelte Star in der grauen Arbeiterstadt zurechtfinden wird. Doch Raúl belehrt alle eines Besseren: Von Beginn an wirft er sich in jeden Zweikampf und übernimmt Führungsaufgaben. In nur 66 Spielen für die Knappen erzielt er grandiose 28 Tore. Sein Heber über Torwart Michael Rensing im Spiel gegen den 1. FC Köln im August 2011 wird »Tor des Jahres«. Gemeinsam mit seinen vier Söhnen und der Tochter verabschiedet sich der Weltmann im April 2012 in einer bewegenden Zeremonie von einer ausverkauften Arena AufSchalke.

»Dat mit Raúl erzähl ich meine Enkel!«

SCHALKE-FAN

GEKAUFTES GLÜCK, VERLORENE TRÄUME.
DIE GROSSEN SKANDALE.

Der Duden definiert den Begriff »Skandal« als »aufsehenerregendes, meist Anstoß erregendes Ereignis«. Wer sich auf dieser Grundlage den Skandalen in der Beletage des deutschen Fußballs nähert, stößt schnell an Grenzen. Denn als Teil der Unterhaltungsindustrie produziert die Liga täglich neue Ereignisse, die Entrüstung oder Enttäuschung, Schock oder Verwunderung, Freude oder Leid hervorrufen. Ein Beitrag zu den kleinen und großen Skandalen, der den Anspruch auf Vollständigkeit erhebt, gleicht so gesehen einem Mammutprojekt, das ganze Bibliotheken füllen würde.

Der Begriff »Skandal« stammt aber vom griechischen Wort »skándalon« ab, wörtlich übersetzt »Fallstrick«. Bei dieser Art der Deutung kann man all die Alltäglichkeiten getrost unter den Tisch fallen lassen: all die spektakulären Fouls, die Verbalscharmützel, die Sauftouren und menschlichen Schwächen, die Brandreden und Tätlichkeiten, ja selbst die größenwahnsinnigen Sonnenkönige, die ihre Clubs an den Rand des Ruins brachten. Das alles ist nur Kreischen in einer auf Hochtouren laufenden Bundesligamaschinerie, das Lametta am glamourösen Tannenbaum Profifußball.

Denn ein Fallstrick kann nur sein, was die Glaubwürdigkeit einer Sache grundlegend infrage gestellt. Etwas, das das Interesse der Menschen an der Bundesliga erlöschen lässt, weil sie nicht mehr an das glauben, was dem Spiel seit den Anfängen seine Faszination verleiht: das Unvorhersehbare. Schon Sepp Herberger stellte die rhetorische Frage, um die Antwort gleich mit zu liefern: »Warum gehen die Menschen zum Fußball? Weil sie wissen wollen, wie's ausgeht!«

Der Bundesliga-Skandal 1971

Nun ist der Profifußball ein Geschäft, das mit Träumen handelt. Clubbosse träumen von Meisterschaften, weil sie sich einen Platz in den Geschichtsbüchern erhoffen. Sponsoren, weil sie im Windschatten strahlender Sieger ihre Waren verkaufen wollen. Spieler träumen von Titeln, weil die ihren Marktwert steigern. Und Fans träumen von Siegen, weil sie, na ja, Fans sind.

Ein Resultat dessen ist, dass Fußballvereine ständig Erfolg benötigen, um der Erwartungshaltung gerecht zu werden: Was wiederum zur Folge hat, dass manch einer für seine Wette auf die Zukunft Risiken eingeht, die nicht immer mit den Regularien des Spiels in Einklang zu bringen sind. Jürgen Werner, wichtige Stütze der Meistermannschaft des HSV von 1960, trat mit 28 Jahren noch vor der Gründung der Liga zurück, weil er fürchtete, dass die Aussicht auf das große Geld den Charakter des Fußballs

> »Der deutsche Fußball ist ein einziger Sumpf.«
>
> Horst-Gregorio Canellas, Präsident Kickers Offenbach

nären Telefonate mit korrupten Profis vor.

verderben würde: »Nun ist jeder des anderen Nebenbuhler, nicht mehr Kamerad. Die Knechtschaft des Geldes lehne ich ab.«.

Was Werner auf den Umgang mit seinen Mitspielern bezog, manifestierte sich bald insbesondere im Umgang der Clubs miteinander. Das Erschleichen von Vorteilen zog sich von der Gründung an wie ein roter Faden durch die Bundesligahistorie. Doch erst der Bundesliga-Skandal in der Saison 1970/71 machte deutlich, welche existenzgefährdende Konsequenzen die Knechtschaft des Geldes haben kann. 18 Spiele der Ersten Liga waren manipuliert worden, zwei Millionen Mark Bestechungs- und Schweigegeld geflossen und mehr als 50 Spieler in die Schiebereien verwickelt. Ein beispielloses Vergehen.

Der Imageschaden stellte die Spielklasse vor ihre bis heute härteste Bewährungsprobe. Es war der Sündenfall, das Ende der Unschuld. Plötzlich wusste niemand mehr, ob Sepp Herbergers Aussage noch einen Sinn ergab oder ob nicht viele Ergebnisse vorher in rauchigen Hinterzimmern abgesprochen worden waren.

Aufgedeckt hatte die Ereignisse der Präsident der Offenbacher Kickers, Horst Gregorio Canellas, der einer verdutzten Partygesellschaft beim Gartenfest anlässlich seines 50. Geburtstages einige Tonbänder mit Telefonaten vorspielte. Die anwesenden Honoratioren, Journalisten und Funktionäre hörten Stimmen von arrivierten Profis, teilweise Nationalspielern, die Canellas anboten, seinen Kickers im Abstiegskampf ein wenig unter die Arme zu greifen. Der Kölner Keeper Manfred Manglitz etwa mahnte, er könne gegen Offenbachs direkten Konkurrenten Rot-Weiss Essen ein »paar Dinger« durchlassen, falls Canellas nicht 25 000 Mark raustue. Der millionenschwere Gemüsehändler zahlte, der FC gewann mit 3:2 und hielt den Kampf im Tabellenkeller damit weiter offen.

Unter Canellas' Gästen war auch Bundestrainer Helmut Schön, der sich sofort des Ausmaßes der Affäre bewusst war: »Um Gottes willen, lassen Sie mich da bitte raus. Ich bin doch nur ein Angestellter und möchte meine Existenz damit nicht belasten.«. Da die Kickers jedoch abgestiegen waren, sah Canellas keinen Grund mehr, die Sache für sich zu behalten. Er trat eine Lawine los. Spieler wie Tasso Wild, Bernd Patzke und Manfred Manglitz wurden auf Jahre gesperrt, Arminia Bielefeld und den Offenbacher Kickers wurde die Lizenz entzogen. Fast sechs Jahre zogen sich die Gerichtsverhandlungen hin, auch weil 15 Schalker Profis vor dem Sportgericht Meineide schworen und in dem anschließenden Zivilprozess nur knapp einer Gefängnisstrafe entgingen. DFB-Chefankläger Hans Kindermann, der nach eigener Aussage aus der »Mauer des Lügens« akribisch »Stein für Stein herausbrach«, war sich seiner Bedeutung für die Integrität der Bundesliga sehr wohl bewusst. »Wir müssen eiserne Pfähle einrammen, sonst reißen alle Dämme«, sprach Kindermann, »wenn wir das Vertrauen nicht zurückgewinnen, ist der Fußball tot.« Viele Jahre noch sollte die Liga nach diesen Ereignissen mit Besucherschwund zu kämpfen haben.

Der Hoyzer-Skandal

Als Kindermann seine Ermittlungen für den Verband 1977 abschloss, konnte er zwar nicht mit Bestimmtheit sagen, ob er alle Schuldigen ihrer gerechten Strafe zugeführt hatte, er kam aber zu dem Urteil, dass der Bestechungsskandal nur ein logischer Schritt in der Entwicklung des bezahlten Fußballs gewesen sei, erneute Manipulationsversuche hielt er für unwahrscheinlich. Er hatte wohl vergessen, dass es in der Hand eines Akteurs liegt, welchen Verlauf ein Spiel nimmt: der des Schiedsrichters. Bis Januar 2005 dauerte es, ehe den deutschen Fußball eine erneute »Mutter aller Krisen« ereilte. Der 26-jährige Schiedsrichter Robert Hoyzer flog auf, nachdem er im Auftrag eines Berliner Profizockers gegen üppige Geldzahlungen und Sachwerte wie etwa Flachbildfernseher mehrere Pokal-, Zweit- und Drittligaspiele verpfiffen hatte. Hoyzer schwärzte nach seiner Überführung auch Kollegen aus der Bundesliga an – und lange war unklar, inwieweit die Wettmafia auch Erstligaspiele verschoben hatte. Glücklicherweise konnten für das Oberhaus nie Manipulationen nachgewiesen werden. Der DFB handelte schnell: Er führte ein Frühwarnsystem ein, das auffällige Quotenveränderungen bei Fußballwetten meldet. Außerdem standen ab sofort für alle Spiele des DFB-Pokals und der Bundesliga zwei Schiedsrichtergespanne zur Verfügung, die noch am Spieltag getauscht werden konnten.

Angesichts der fundamentalen Bedrohung für die Wahrnehmung des Spiels, die von derlei Betrügereien ausgeht, erscheinen die zahllosen kleinen Regelkollisionen, die sich Clubs oder Spieler über 50 Bundesligajahre erlaubten, beinahe unfreiwillig komisch. Bereits im Jahre 1963 trickste Schalke 04 bei den Transferauflagen. Die Knappen hatten für Hans-Georg Lambert und Günter Herrmann auf dem Papier jeweils 50 000 Mark bezahlt – den vom Verband vorgeschriebenen Maximalbetrag bei Ablösesummen. Bald stellte sich aber heraus, dass Schalke eigentlich nur Interesse an Herrmann hatte, der KSC diesen aber nur für 75 000 Mark veräußern wollte. Außerhalb des Protokolls einigten sich die Vereine also auf einen Gesamtbetrag von 100 000 Mark. Lambert kam als Dreingabe und absolvierte nur ein einziges Match in Königsblau.

Bewegte sich dieser Vorgang noch im Graubereich der Legalität, ging es am Ende der zweiten Spielzeit bereits ans Eingemachte. Hertha BSC musste zwangsabsteigen, weil der Club die überhöhten Handgelder und Ablösesummen, die er bezahlte, mit 55 000 illegal gedruckten und schwarz verkauften Stadionkarten kompensiert hatte. Es war gar nicht so leicht, dem Vergehen auf die Schliche zu kommen, da Herthas Schatzmeister Günter Herzog, ein Beerdigungsunternehmer, die Tickets und das Geld bei sich im Institut in zwei separaten Särgen hortete.

Doch mit der voranschreitenden Kommerzialisierung fielen irgendwann alle Gehaltsschranken – und das Panoptikum aus Kleinganoven, deren Liebe zum Fußball sie in Konflikt mit den rechtlichen Grundlagen gebracht hatte, wurde durch allmähliche Anpassung der Statuten rehabilitiert.

Während das Verschieben von Spielen nachweislich als Gefahr erkannt worden ist, wird das Thema Doping von den Verantwortlichen immer noch bagatellisiert. Das vorgetragene Argument: Dopen sei ein Problem von Individualsportarten, im Fußball bringe es schlichtweg nichts. Im Jahre 2009 gab auch Jürgen Klopp zu Protokoll: »Ich sage mit Überzeugung, dass im Fußball nicht gedopt wird.« Dabei sorgte Toni Schumacher bereits am Ende der Saison 1987/88 in seinen »Anpfiff« betitelten Memoiren für Aufsehen. Schumacher verbreitete sich dort nicht nur unterhaltsam über Rotwein- und Callgirl-Exzesse im Kreise der Nationalmannschaft, sondern machte auch mehr als nur Anspielungen hinsichtlich des Dopingmissbrauchs in der Bundesliga. »Ich gestehe ganz offen, beim Training habe ich ein Medikament mit Dopingwirkung ausprobiert«, schrieb der »Tünn«, »diese Substanz fördert die Angriffslust, erhöht die Ausdauer und die Widerstandsfähigkeit.« Und weiter: »Die saftgestärkten Kollegen flitzen wie der Teufel über den Rasen.«

Für Schumacher bedeuteten die Anschuldigungen das Ende seiner Karriere in der Nationalelf und bei seinem Club, dem 1. FC Köln. Doch seine Niederlegungen hatten trotz wütender Proteste beim DFB zur Folge, dass regelmäßige Dopingproben bei Bundesligaspielen eingeführt wurden, um die Liga gar nicht erst weiter in Verruf zu bringen. Es dauerte noch sieben Jahre, bis gegen Roland Wohlfahrt das erste Doping-Urteil in der Bundesliga erging. Im Februar 1995 wurde dem moppeligen Angreifer des VfL Bochum das Mittel »Norephedrin« im Blut nachgewiesen. Offenbar hatte es sich Wohlfahrt durch die Einnahme des Appetitzüglers »Recatol« zugeführt. Er wurde zu einer zweimonatigen Sperre verurteilt.

Dass nicht nur auf dem Platz, sondern auch abseits davon mitunter verbotene Substanzen eine gewichtige Rolle im Leben eines Bundesligaprotagonisten spielen können, bewies im Jahre 2000 dann der Fall des designierten Bundestrainers Christoph Daum, dessen freiwillige Haarprobe ihn des Kokainmissbrauchs überführte. Sicher ein spektakulärer Skandal in der Bundesligageschichte – aber im Gegensatz zu Manipulationen oder flächendeckendem Doping kein Grund, an der Integrität des Spiels zu zweifeln.

Es lässt sich nicht ändern: Der Glanz, den die Bundesliga verstrahlt, sorgt mitunter dafür, dass auch auf die Dinge, die besser im Halbdunkel blieben, ab und an ein Lichtstrahl fällt. Die Liga wird weiterhin ihre kleinen und größeren Skandale produzieren. Denn zumindest in diesem Punkt hatte der damalige Obmann und spätere Präsident von Hertha BSC, Wolfgang Holst, zweifellos Recht. »Die Bundesliga«, gab der Spielautomatenaufsteller als Angeklagter im Prozess zum Bundesliga-Skandal 1971 zu Protokoll, »ist nicht die Oase oder gar die Gedächtniskirche der Gesellschaft«.

> »Dass Dopingkontrollen eingeführt wurden, war der größte Erfolg meines Buches. (…) Wer jetzt noch etwas nimmt, muss einen Sprung in der Schüssel haben.«
>
> **Toni Schumacher über sein Buch »Anpfiff«**

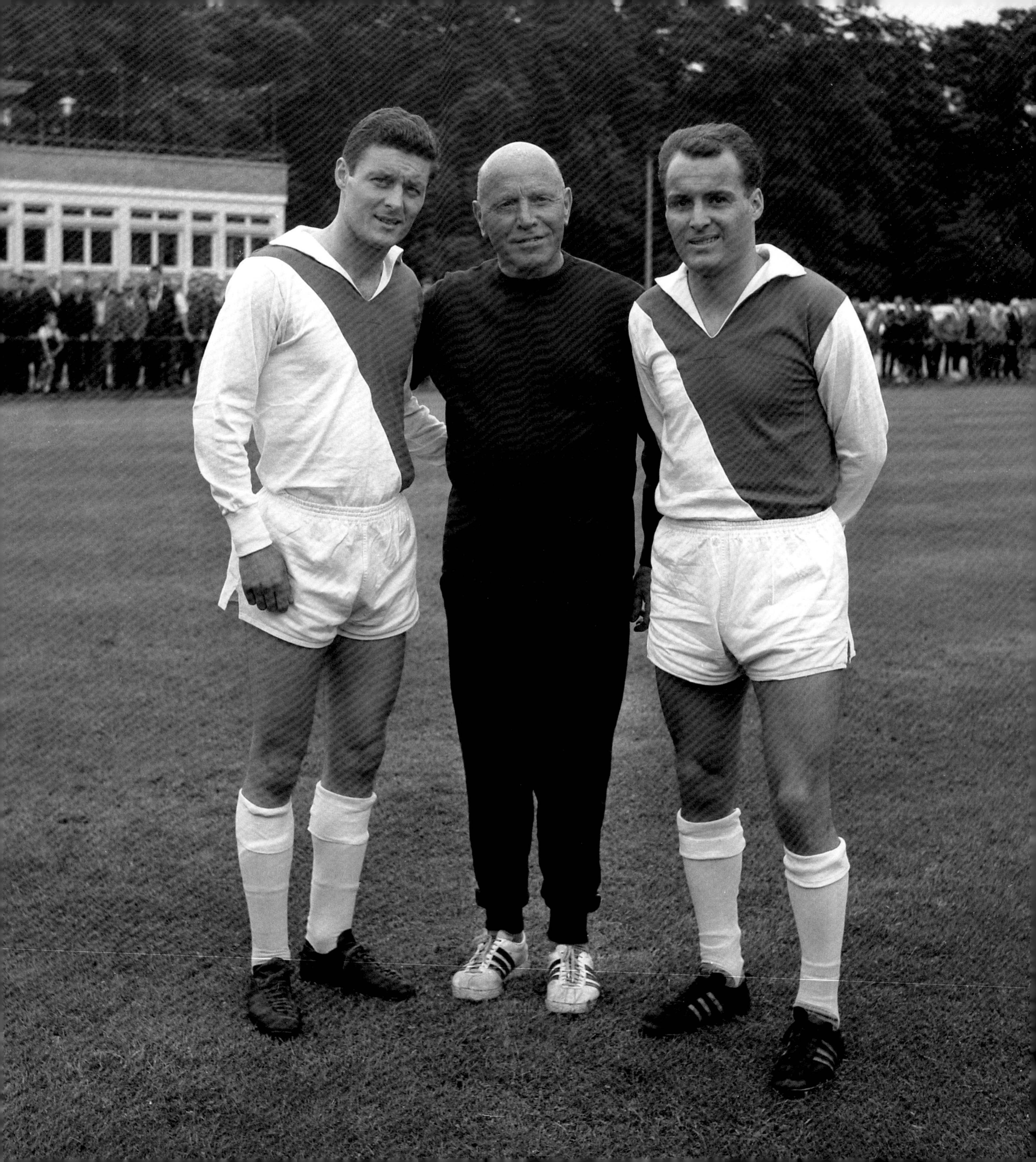

Saison 1965/66

Saison 1993/94

DOPPELT HÄLT BESSER
Stolz präsentiert der Kölner Trainer Georg Knöpfle die Neuzugänge zur Saison 1965/66: den serbischen Angreifer Srđan Čebinac (l.) und Ole Sørensen aus Dänemark. Echte Verstärkungen sind die beiden nicht. Sørensen bringt es nur auf 13 Einsätze und wird nach einer Saison wieder verkauft. Čebinac spielt sogar nur dreimal für den FC, und seine Verpflichtung sorgt für einen handfesten Skandal. Angeblich ist nicht Srđan zum Probetraining vor Vertragsabschluss ans Geißbockheim gekommen, sondern sein 15 Minuten älterer und weitaus talentierterer Zwillingsbruder Zvezdan Čebinac, der beim PSV Eindhoven unter Vertrag steht. Der Täuschungsversuch kann nie bewiesen werden.

DAS PHANTOM-TOR
Vor dem Heim-Match gegen den FC Bayern am 32. Spieltag liegt der »Club« nur einen Platz vor den Abstiegsrängen. In der 26. Minute stochert der Münchner Thomas Helmer im Nürnberger Strafraum herum, doch das Leder streicht knapp am linken Pfosten vorbei. Ein Linienrichter hat es anders gesehen. Auf dessen Signal entscheidet Schiedsrichter Hans-Joachim Osmers zur Verwunderung aller auf Tor. Am Ende verliert der 1. FC Nürnberg das Spiel knapp mit 1:2 und legt Protest ein. Es kommt zum Wiederholungsspiel. Diesmal gewinnt der FC Bayern mit 5:0 – und die Franken steigen aufgrund des schlechteren Torverhältnisses ab. Hätten sie sich mit der knappen Niederlage begnügt, wären sie in der Bundesliga geblieben.

»Ich dachte, dass der Ball in diesem Durcheinander vielleicht schon vorher über der Linie war.«

THOMAS HELMER

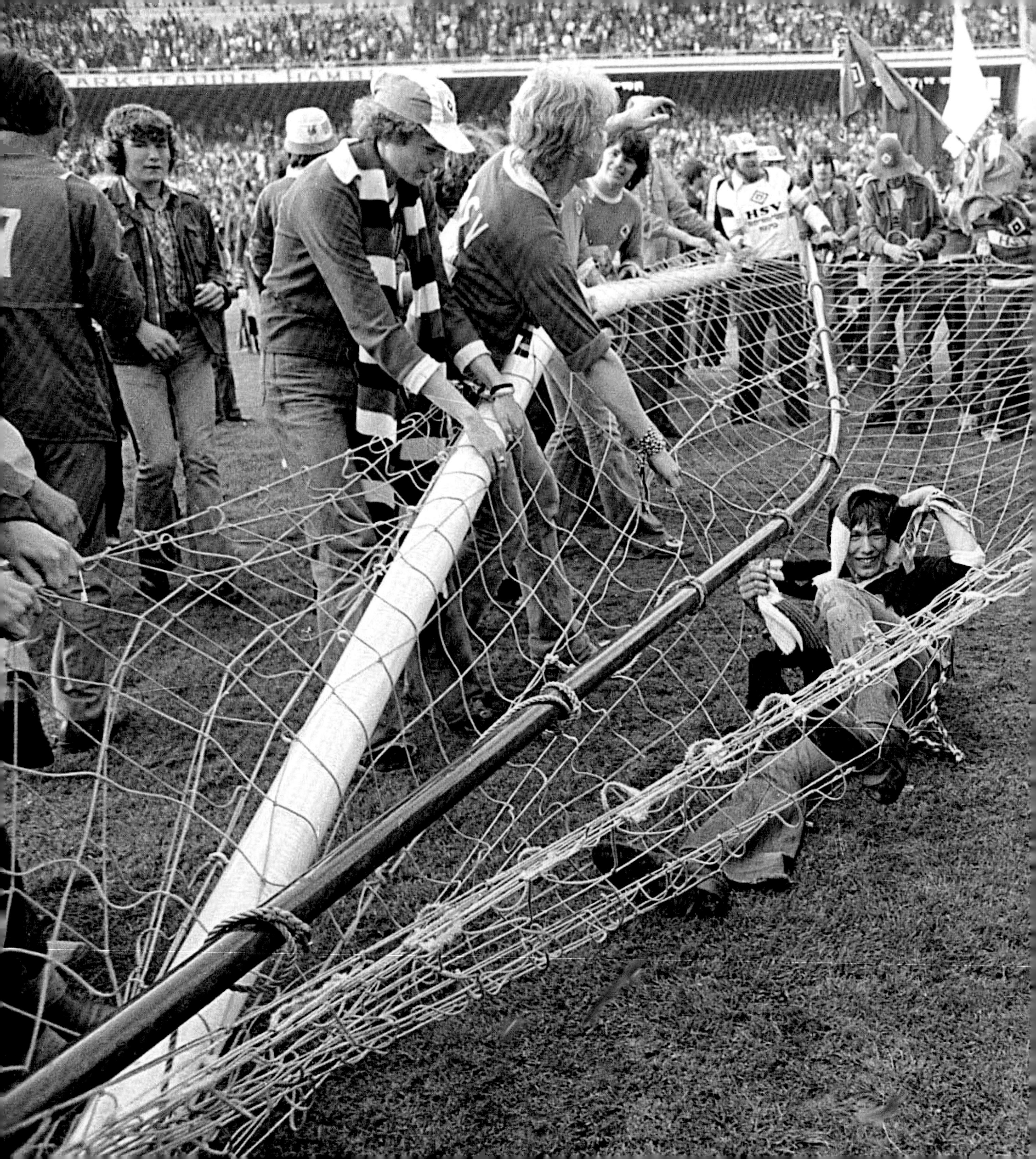
HSV

Saison 1978/79

MEISTERLICH ABGEHOLZT
Nach dem Abpfiff kennen die Anhänger aus der Westkurve des Volksparkstadions kein Halten mehr. Der Hamburger SV wird am 9. Juni 1979 erstmals Bundesligameister. Die Zuschauer drängen aus dem überfüllten Block E so lange aufs Spielfeld, bis die Zäune nachgeben. Viele hundert Besucher stürzen aus einer Höhe von etwa 1,50 Metern auf die Aschenbahn. Der Mob trampelt über die Gestürzten aufs Spielfeld, macht Jagd auf Spieler und beginnt, das Inventar zu zerlegen. Gerüchte, dass vier Fußballfans im Ansturm gestorben seien, erweisen sich zum Glück als falsch. Dennoch werden 71 Zuschauer teils schwer verletzt. Das »Aktuelle Sport-Studio« weigert sich am Abend, Bilder von der »Jubelfeier« zu zeigen.

»Aufhören, Aufhören!«
HSV-FANS BEIM SPIEL GEGEN DEN FC BAYERN, WEIL IHR CLUB BEREITS ALS MEISTER FESTSTEHT

Saison 2000/2001

UM EIN HAAR BUNDESTRAINER

Im Moment seiner größten Niederlage versucht Christoph Daum, sich seinen Humor zu bewahren. Am 12. Januar 2001 gibt er nach einem ausgedehnten Florida-Aufenthalt in einem Kölner Hotel eine Pressekonferenz. Drei Monate zuvor ist er nach einer positiven Haarprobe des Kokainmissbrauchs überführt und als Trainer von Bayer Leverkusen entlassen worden. Der Coach hat die Haarprobe auf eigene Initiative abgegeben, nachdem der Manager des FC Bayern, Uli Hoeneß, ihn als designierten Bundestrainer infrage gestellt und in einem Interview vom »verschnupften Daum« gesprochen hat. Erst jetzt gesteht der Coach seine Taten ein: »Ich gebe zu, dass ich mit Drogen in Kontakt gekommen bin und Kokain konsumiert habe.«

»Ich tue dies, weil ich ein absolut reines Gewissen habe.«

CHRISTOPH DAUM IM OKTOBER 2000
AUF DIE FRAGE, WARUM ER SICH EINER
HAARPROBE UNTERZIEHT

Saison 1982/83

DER FALL EIGENDORF

In der Nacht des 5. März 1983 verunglückt der Braunschweiger Profi Lutz Eigendorf in einer düsteren Kurve im Stadtteil Querum tödlich. Eigendorf ist vier Jahre zuvor aus der DDR geflüchtet. Nach seiner Flucht äußert er sich öffentlich negativ über das System der DDR und gerät ins Visier der Staatssicherheit. Bis heute ist strittig, ob sein Fahrzeug von der Stasi manipuliert wurde. Entgegen den Zeugenaussagen, die behaupten, Eigendorf habe am Unfallabend nur wenig Bier getrunken, stellt die Polizei 2,2 Promille im Blut des Verunglückten fest. Gerüchte, Eigendorf sei mit Alkoholspritzen behandelt worden, können nicht bewiesen werden. Der Tod des Ausnahmespielers bleibt ein Drama der Ligageschichte.

SCHEIN UND SEIN.
DIE LIGA DER SONNENKÖNIGE.

Vom Glanz der Bundesliga wollen viele etwas haben. Für Geschäftsleute und Politiker bleibt nur die Führungsebene der Clubs, um im öffentlichkeitswirksamen Fußballbusiness für Furore zu sorgen. Einigen gelingt es gut, anderen weniger.

DER SONNE ENTGEGEN

Wie zwei Wüstenfürsten sitzen Präsident Günter Eichberg (l.) und sein Vorgänger Günter Siebert auf einem Dromedar im Trainingslager des FC Schalke. Eichberg, Chef von sechs Kliniken, die sich auf Venenerkrankungen spezialisiert haben, führt den Revierclub 1991 nach Jahren der Zweitklassigkeit zurück in die Bundesliga. Der stets braungebrannte Präses regiert dabei im Stil eines Gutsherrn und nimmt sich etliche Privilegien heraus: Als Eichberg nicht rechtzeitig zur Beerdigung von Schalke-Legende Ernst Kuzorra kommt, lässt er nach der Beisetzung die Kranzniederlegung wiederholen, um auf dem offiziellen Foto zu erscheinen.

Saison 1996/97

»Wenn das ›Hosianna‹ und das ›Kreuzigt ihn‹ nicht in der Bibel stünde, wäre es beim Fußball erfunden worden.«   GERHARD MAYER-VORFELDER

DER ERLEUCHTETE
Ein Vierteljahrhundert als Vereinspräsident des VfB Stuttgart lässt Gerhard Mayer-Vorfelder ein Stück weit entrückt erscheinen. 1975 übernimmt der bierzelterfahrene CDU-Rechtsaußen den Club, nachdem er in die Zweite Liga abgestiegen ist. Bei Fans ist »MV« umstritten, weil er in der Manier des autoritären Machtmenschen durchregiert. Im Spielerkreis erweist er sich als Präsident, der sich nicht scheut, Sanktionen auszusprechen, der aber für jedes Problem seiner Eleven auch stets ein offenes Ohr hat. Als Mayer-Vorfelder im Jahre 2000 aus dem Amt gejagt wird, stehen zwei Meistertitel und ein Pokalsieg in seiner Bilanz. Dem VfB hinterlässt er jedoch auch einiges an Verbindlichkeiten.

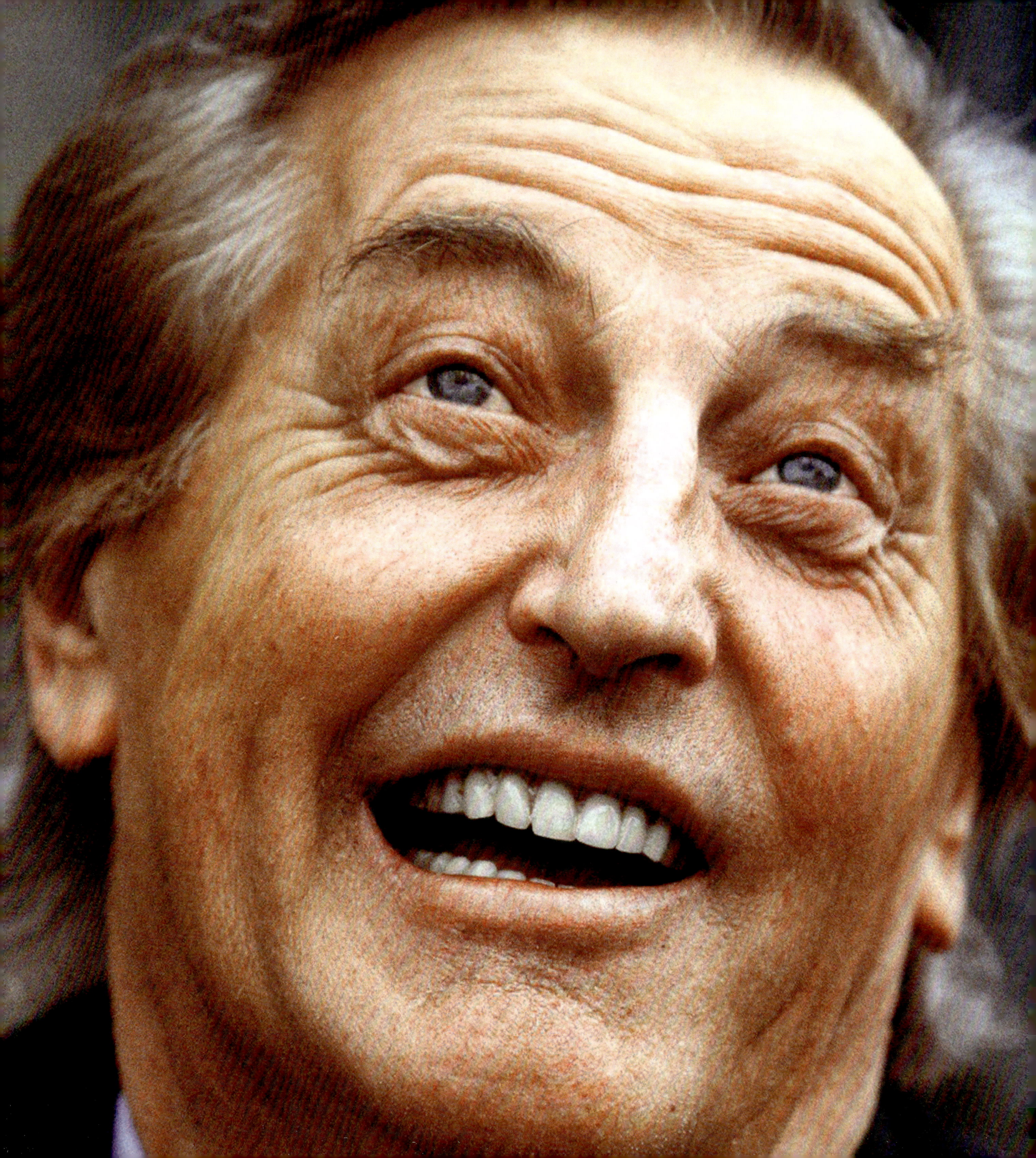

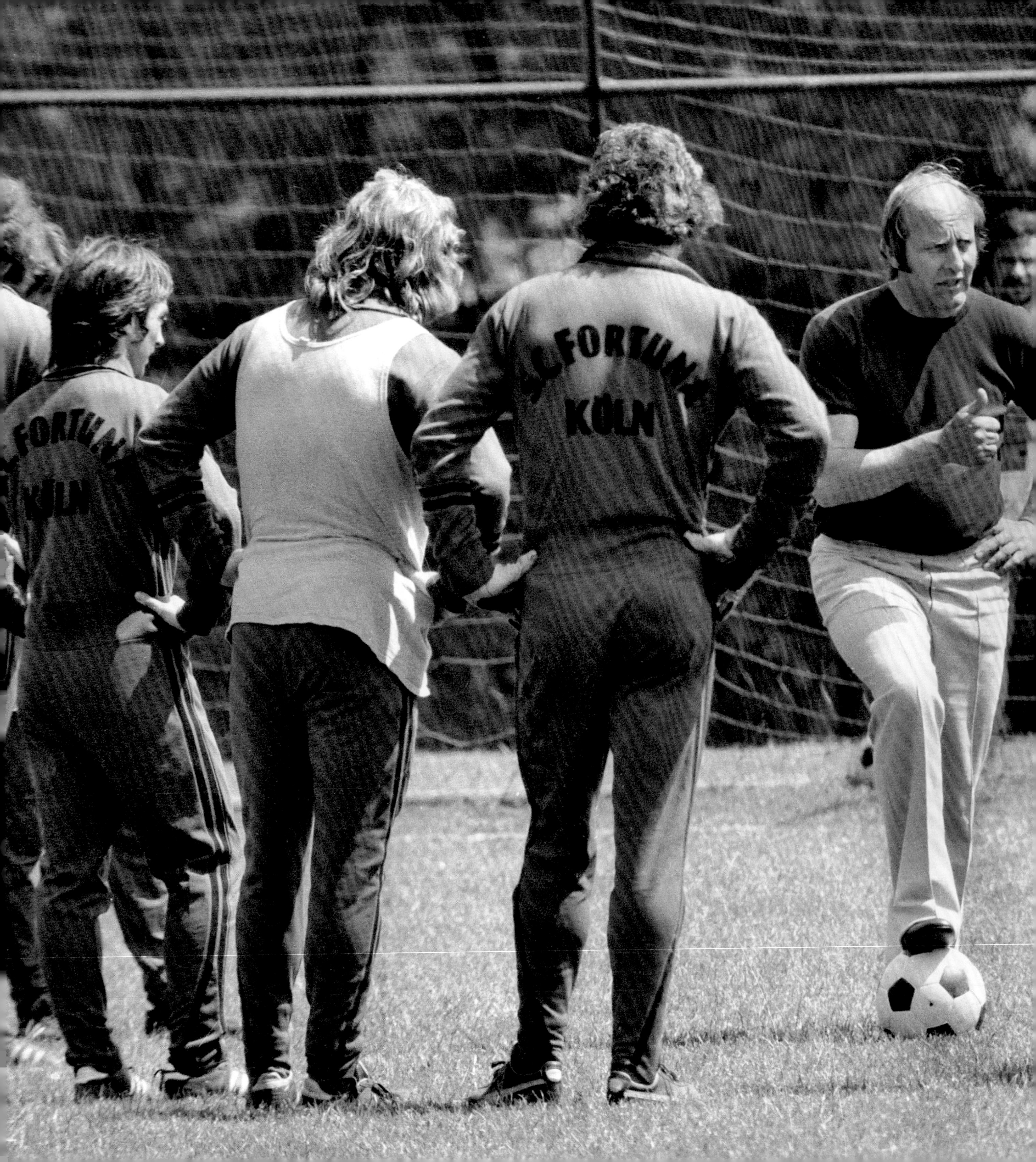
S.C.FORTUNA
KÖLN
FORTUNA
KÖLN

Saison 1973/74

DE SCHÄNG

Eigentlich ist Jean Löring, der dem SC Fortuna Köln von 1967 bis 2001 als Präsident vorsteht, kein Erstligaphänomen. Doch ausgerechnet in der Saison 1973/74, in der die Fortuna zum ersten und letzten Mal im Oberhaus zu Gast ist, steigt der Patriarch aus seinem Chefsessel und fungiert für drei Spiele als Interimscoach. Die Folge: Jedes Spiel geht verloren! Doch auch der erneute Abstieg hält Löring nicht davon ab, über die Jahre schätzungsweise 15 Millionen Euro in den Club zu stecken. Ein Betrag, der den Inhaber einer Rohrleitungsbaufirma wie einen Sonnenkönig auftreten lässt. Als er Toni Schumacher 1999 als Fortuna-Trainer in der Halbzeitpause des Spiels gegen den SV Waldhof entlässt, erklärt Löring: »Ich als Verein musste doch reagieren.«

»Ich baue öfter mal Mist, habe auch schon mal einem Gegner die Schuhe ausgezogen, weil er zu lange Stollen hatte. Doch ich ändere mich nicht. Ich entschuldige mich dann beim lieben Gott, nicht beim DFB.«

JEAN LÖRING

Saison 1994/95

> »Einen Bundesligaverein aufzubauen, dauert sehr lange. Ihn zu ruinieren, geht von heute auf morgen.«
>
> REINHARD RAUBALL, DFL-PRÄSIDENT

KEIN SCHWEIN GEHABT

Als die Mauer fällt, hat es Rolf-Jürgen Otto in Hessen längst zum Bauunternehmer gebracht. Weil die Geschäfte im Westen mäßig laufen, geht er in den Osten und baut verschiedene Unternehmen auf. 1993 hilft er dem klammen Bundesligisten Dynamo Dresden finanziell aus der Patsche und übernimmt das Präsidentenamt. Vor laufenden Kameras ringt er beim DFB um die Lizenz des Clubs – und bekommt sie. Später stellt sich aber heraus, dass einige Bilanzen frisiert wurden. 1995 wird Otto, der Mann mit dem Faible für Goldrandbrillen, wegen Konkursverschleppung im Rahmen seiner Bauunternehmertätigkeit zu einer Haftstrafe verurteilt. Und Dynamo muss nach einem Lizenzentzug in der Dritten Liga einen Neustart versuchen.

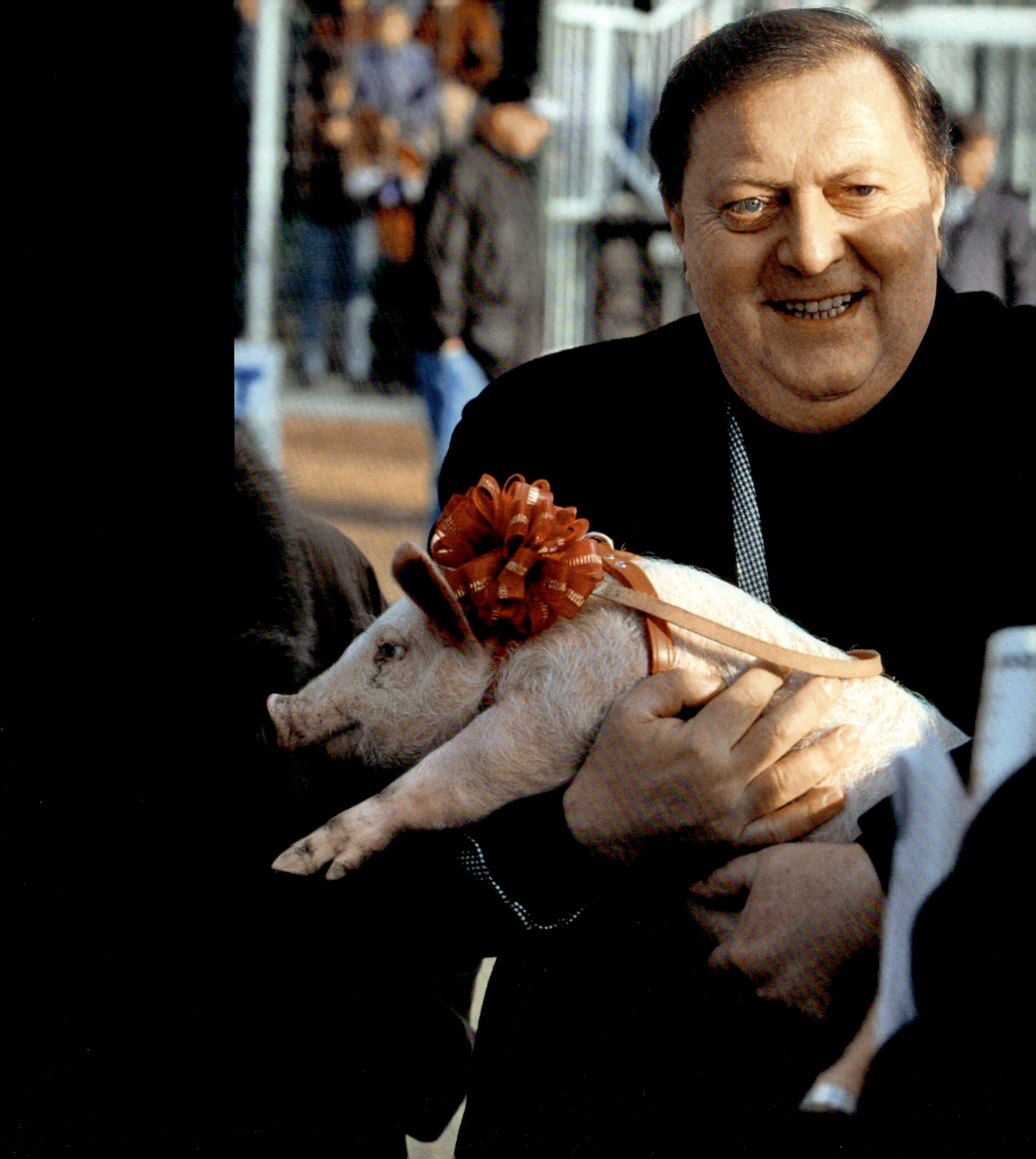

HOPP, HOPP, PFERDCHEN LAUF GALOPP

Den Traum vom eigenen Bundesligaclub träumen viele Mäzene. Der erste, der sich den Wunsch erfüllt, ist Software-Milliardär Dietmar Hopp. Er stattet seinen Heimatverein, die TSG Hoffenheim, mit solider Infrastruktur aus und kauft sportliches Know-how hinzu. Unter Trainer Ralf Rangnick gelingt 2008 der Bundesligaaufstieg (Foto). Doch auf den Tribünen der Liga regt sich Unmut darüber, dass der Siegeszug nur durch Hopps Vermögen möglich gemacht wird. Dabei versteht sich der Geschäftsmann eher als Geburtshelfer für ein Projekt mit Nachhaltigkeit denn als Mäzen. Geht es nach Hopp, soll sich die TSG langfristig auch ohne seine Unterstützung finanzieren.

Saison 1999/2000

BLAU-WEISSE GESCHICHTEN

Unter Karl-Heinz Wildmoser wird der TSV 1860 München zwischen 1992 und 2004 wieder zu einer zählbaren Größe in der Bundesliga. Der Gastronom bildet mit Trainer-Derwisch Werner Lorant eine bajuwarisch-autoritäre Achse, die dem Club neue Konstanz verleiht. Der volksnahe Präsident polarisiert im Fanlager: Einerseits herrscht unter ihm sportlicher Erfolg, andererseits flirtet er mit dem ungeliebten FC Bayern und beschließt mit dem Rivalen die verhängnisvolle Finanzierung der neuen Münchner Arena. 2003 wird Wildmoser, hier mit Rudolph Moshammer (l.) in einer TV-Sendung, wegen Steuerhinterziehung verklagt. Nach seinem Rücktritt können die »Löwen« bald die Tilgungsraten nicht mehr leisten und sind seither nur noch Mieter im Stadion des FCB.

»Wir hatten ein bisserl Pech. Das kommt, wenn man kein Glück hat.«

KARL-HEINZ WILDMOSER

DAS DICKE ENDE. DIE SPANNENDSTEN SAISONFINALS.

Immer wenn man denkt, es geht nicht mehr, kommt von irgendwo ein Lichtlein her. Wie oft wurden in 50 Bundesligajahren schon Teams vorschnell zu Siegern erklärt. Doch ehe der Schiedsrichter nicht abgepfiffen hat, ist nichts entschieden. Und manchmal sogar danach noch nicht ...

Saison 2000/2001

MEISTER DER HERZEN
Seit 43 Jahren wartet der FC Schalke 04 auf einen Meistertitel. Am 19. Mai 2001 soll das Warten ein Ende haben. Mit einem 5:3 im Heimspiel gegen Unterhaching haben die Königsblauen am letzten Spieltag ihr Soll erfüllt. Ein TV-Reporter teilt Manager-Azubi Andreas Müller (l.) nach dem Abpfiff mit, dass der FC Bayern – vor dem Match noch mit drei Punkten Vorsprung Tabellenführer – sein Auswärtsspiel beim HSV verloren hat. Schalke ist demnach Meister! Bei Manager Rudi Assauer (r.) und Aufsichtsrat Jürgen Möllemann fliegen die Löcher aus dem Käse. Der Fußballgott hat endlich ein Einsehen. Doch plötzlich flackern auf der Videoleinwand im Stadion Livebilder aus Hamburg auf ... (Fortsetzung Seite 238/239).

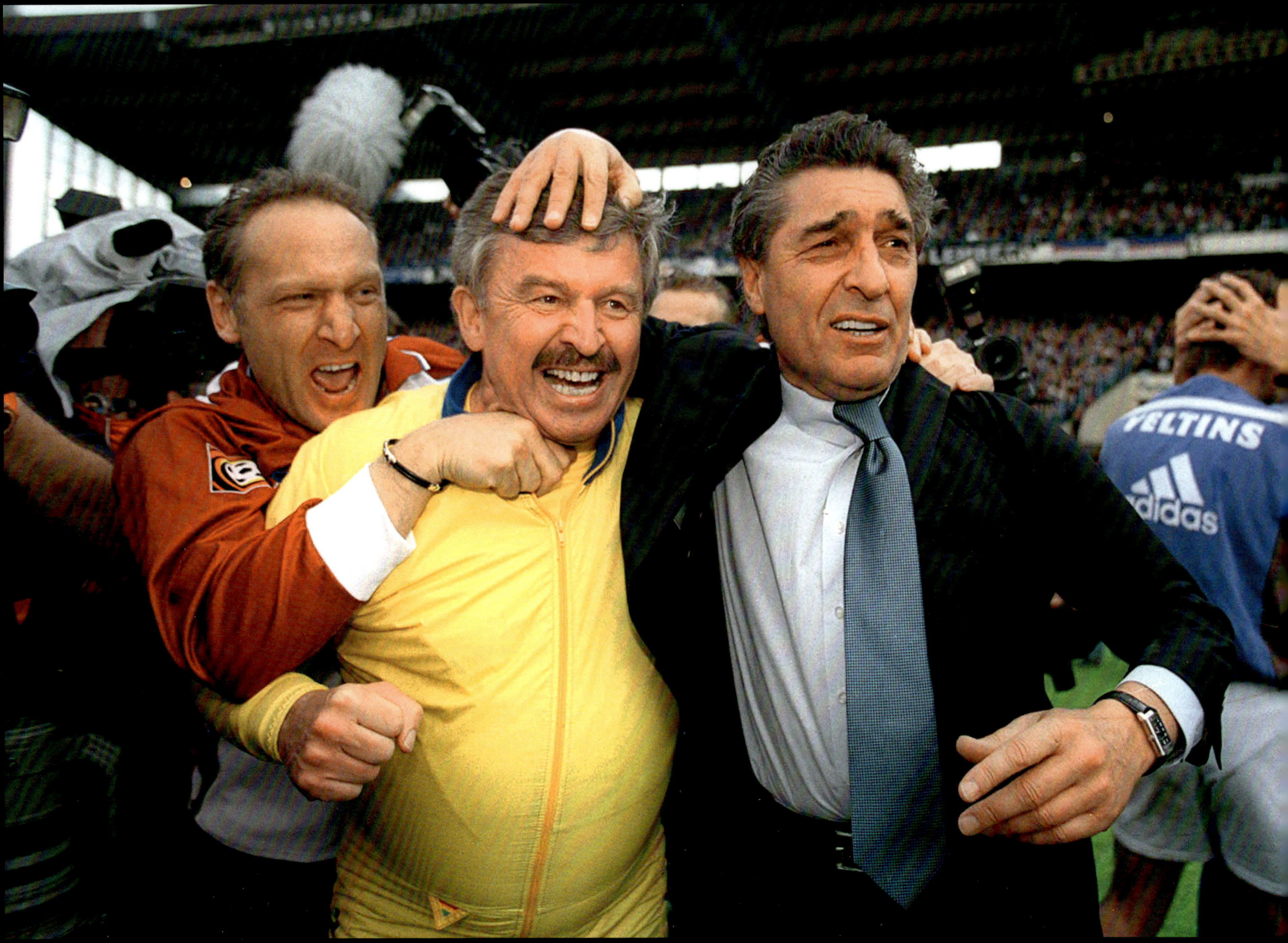
VELTINS
adidas

Saison 1991/92

> »Diese Mannschaft war so gut, die brauchte eigentlich gar keinen Trainer, die brauchte einen, der sie unterhält.«
>
> EINTRACHT-MANAGER BERND HÖLZENBEIN ÜBER DAS TEAM 1991/92

FRANKFURTER BAUCHLANDUNG

Eintracht Frankfurt spielt den atemberaubendsten Fußball, den die Bundesliga je gesehen hat. Die Achse bestehend aus dem Antreiber im Tor, Uli Stein, dem Mittelfeldduett Uwe Bein und Andreas Möller, sowie Torjäger Anthony Yeboah (Foto, mit Rostocks Keeper Daniel Hoffmann) funktioniert wie auf Knopfdruck. Trainer Dragoslav Stepanović lässt seine Künstler machen. »Stepi« weiß, dass seine Elf sich nur selbst schlagen kann. Ein Sieg am letzten Spieltag beim Absteiger Hansa Rostock reicht der Eintracht, um ihren ersten Bundesligatitel einzufahren. Doch ausgerechnet am 16. Mai 1992 kriegt sie ihr pfeilschnelles Kombinationsspiel nicht gebacken. Die Elf wirkt im Rostocker Ostseestadion wie gelähmt und verliert völlig überraschend mit 1:2.

Saison 1991/92

WENN ZWEI SICH STREITEN ...

Den Patzer der Eintracht in Rostock nutzt völlig überraschend der VfB Stuttgart aus. Die Schwaben haben sich im Titeldreikampf mit Frankfurt und Borussia Dortmund bis dato eher unauffällig verhalten. Wegen der Zusammenlegung mit der DDR-Oberliga umfasst diese Spielzeit 38 Spieltage. Und am Ende hat das Team von Trainer Christoph Daum den längsten Atem. Guido Buchwald hat den VfB in der 86. Minute beim Auswärtsspiel in Leverkusen zum 2:1-Sieg geköpft. Der BVB gewinnt in Duisburg nur knapp mit 1:0. Aufgrund des besseren Torverhältnisses hat das Team mit dem roten Brustring am Ende die Nase vorn. Anschließend lässt der Meistercoach seinen Emotionen freien Lauf.

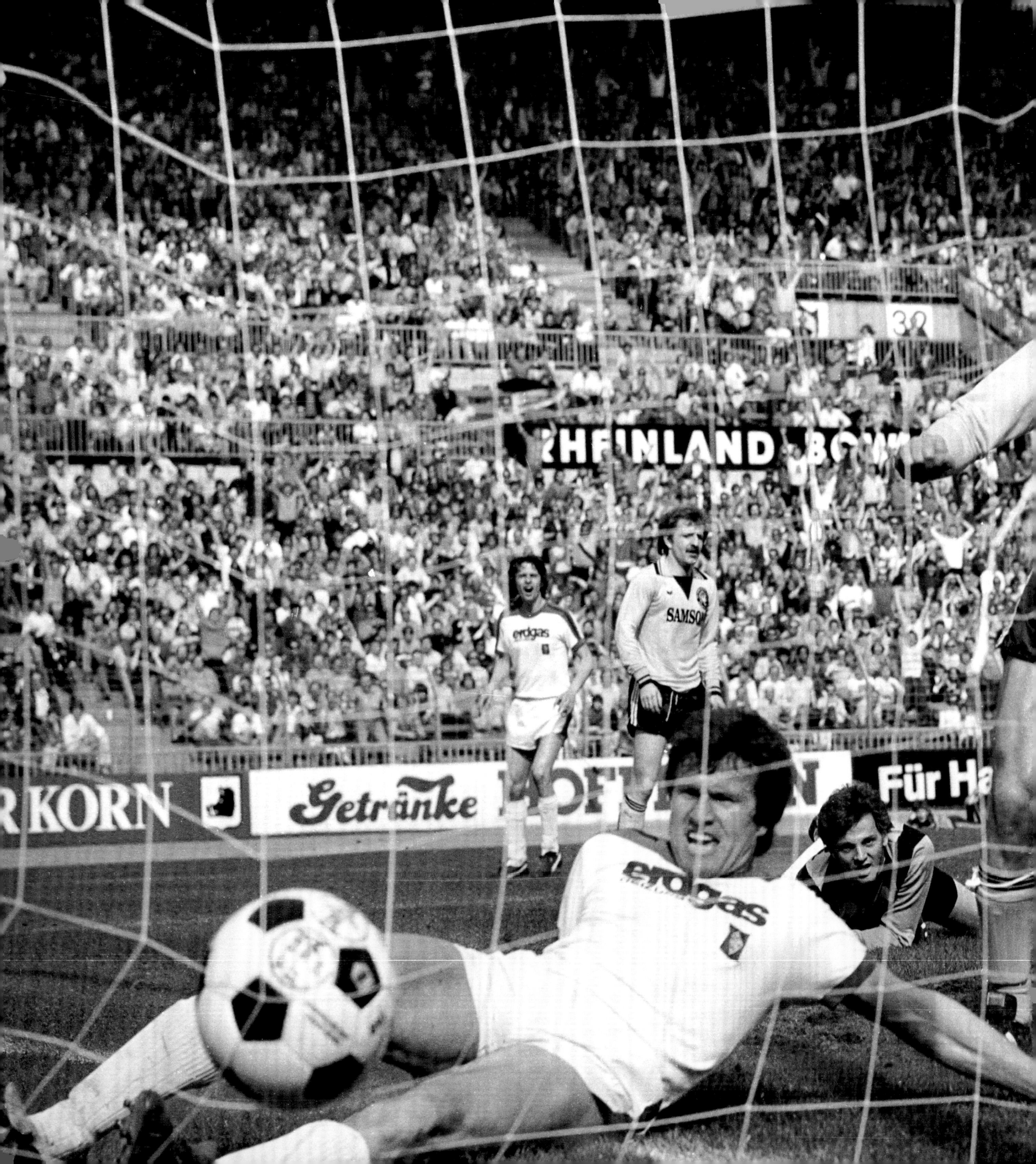

RHEINLAND
SAMSON
erdgas
RKORN
Getränke
Für Ha
erdgas

Saison 1977/78

EIN DRECKIGES DUTZEND

Der Torhunger ist Gladbachs Jupp Heynckes anzusehen. Soeben hat er seinen dritten von insgesamt fünf Treffern erzielt. Im Titelrennen liegt Borussia Mönchengladbach am letzten Spieltag punktgleich mit dem 1. FC Köln an der Tabellenspitze. Doch eine Differenz von zehn Toren scheint kaum aufholbar. Der Gegner aus Dortmund hat als Tabellenelfter in dieser Serie nichts mehr zu erreichen. Beim Warmlaufen lümmeln sich einige BVB-Spieler unmotiviert auf den Leichtathletikmatten hinterm Tor. Die mangelnde Einstellung hat Folgen: Gladbach gewinnt das Spiel im Düsseldorfer Rheinstadion mit 12:0. Und doch reicht es nicht. Denn der 1. FC Köln siegt im Hamburger Volksparkstadion gegen den FC St. Pauli ebenfalls deutlich mit 5:0 – und wird Meister.

»Der BVB war wohl der Meinung, dass er sich auf einer Kaffeefahrt oder einem Betriebsausflug befindet.«

GLADBACHS KEEPER WOLFGANG KLEFF

Saison 1985/86

VIBRIERENDES ALUMINIUM

Das Klatschen des Balles an den Torpfosten von Jean-Marie Pfaff wird Michael Kutzop nie mehr aus dem Kopf gehen. Soeben hat der Bremer in der 88. Minute des Showdown-Matches gegen den FC Bayern beim Stand von 0:0 einen Strafstoß versemmelt. Den einzigen von 17 in seiner gesamten Bundesligakarriere. Aber auch den wichtigsten. Es ist der vorletzte Spieltag der Saison. Werder könnte mit einem Sieg im Weserstadion die Meisterschaft für sich entscheiden. Nun bringt der vergebene Handelfmeter die Bremer völlig aus dem Tritt. Ihr letztes Spiel in Stuttgart verlieren sie mit 1:2, und die Bayern werden Meister. Bremens Jonny Otten scherzt Jahre später mit dem Unglücksraben: »Michael, du hast mich um eine Eigentumswohnung gebracht.«

»Viele Leute behaupten, ohne den vergebenen Elfer gegen die Bayern würde mich kein Mensch mehr kennen. Keine Ahnung, ob das stimmt.«

MICHAEL KUTZOP

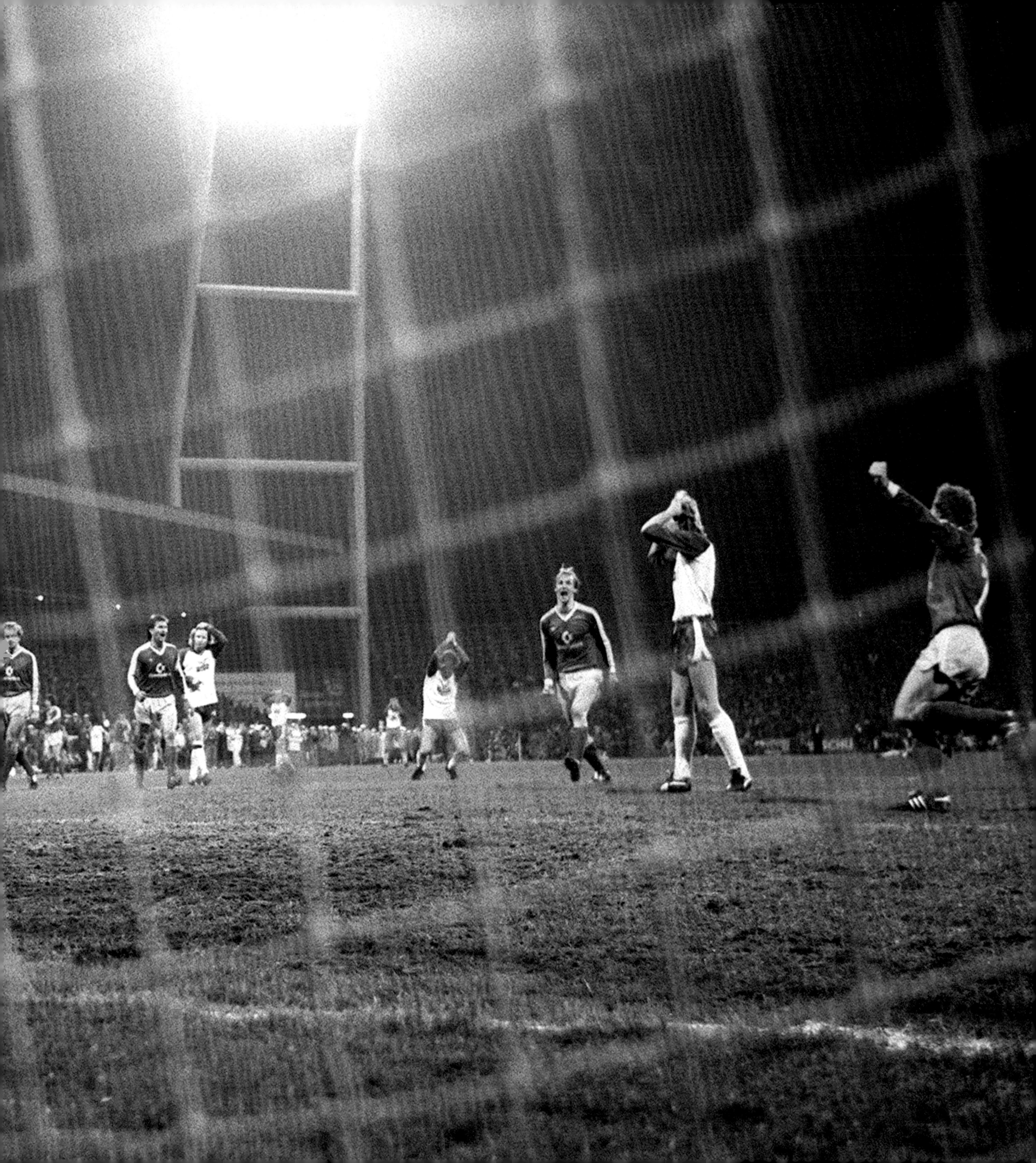

SCHWARZ-GELBE RENAISSANCE

Mit einer Rumpfelf erkämpft Borussia Dortmund den ersten Meistertitel seit 32 Jahren. Die gesamte Spielzeit über ist der BVB vom Verletzungspech verfolgt. Alle etatmäßigen Stürmer – Flemming Povlsen, Stéphane Chapuisat und Karl-Heinz Riedle – fallen mit Kreuzbandrissen aus. Am 34. Spieltag aber gewinnt Borussia das entscheidende Match gegen den Hamburger SV mit den beiden Teenagern Ibrahim Tanko und Lars Ricken im Angriff. Andreas Möller, der beim 2:0-Sieg einen Treffer erzielt, wird nach dem Abpfiff von euphorisierten Fans im Westfalenstadion auf Händen getragen. Das Nachsehen hat der SV Werder. Zwar sind die Bremer vor dem letzten Spieltag noch Tabellenführer, doch das Auswärts-Match beim FC Bayern geht mit 1:3 verloren.

Saison 1999/2000

DAS DRAMA VON UNTERHACHING

Alles ist bereitet. Christoph Daum und Manager Reiner Calmund sollen in der Woche vor dem letzten Spiel sogar den Song zur Meisterschaft schon abnehmen. Doch das Macher-Duo von Bayer Leverkusen weigert sich. Als ahnten die beiden, dass es mit dem Titel für die Werkself noch schiefgehen würde. Bayer 04 reicht im Unterhachinger Sportpark ein Unentschieden. Doch im Angesicht des Titels bekommt die Elf plötzlich Muffensausen. Michael Ballack bringt das Drama mit einem Eigentor nach 21 Minuten ins Rollen. Leverkusen unterliegt mit 0:2, und wenige Kilometer entfernt bricht im Münchner Olympiastadion frenetischer Jubel aus. Der FC Bayern hat gegen Werder Bremen mit 3:1 gewonnen – und darf sich einen weiteren Titel in den Briefkopf setzen lassen.

»Er ist sicher der unglücklichste Mensch in ganz Deutschland.«

LORENZ-GÜNTHER KÖSTNER, TRAINER
SPIELVEREINIGUNG UNTERHACHING, ÜBER MICHAEL BALLACK

Saison 2011/2012

STURM KOMMT AUF

Die Emotionen kochen hoch im Relegationsrückspiel zwischen Fortuna Düsseldorf und Hertha BSC. In der regulären Spielzeit muss das Match wegen Pyroattacken mehrfach unterbrochen werden, in der sechsten Minute der Nachspielzeit herrscht dann völliges Chaos. Beim Stand von 2:2 stürmen Tausende Zuschauer auf den Rasen. Die Hertha-Elf arbeitet zu diesem Zeitpunkt unter Hochdruck an einem Treffer, der ihr den Verbleib in der Bundesliga sichern würde. Düsseldorf ist am Ende seiner Kräfte. Referee Wolfgang Stark unterbricht für 20 Minuten, bis der Platz geräumt ist, dann pfeift er noch einmal kurz an. Hertha legt nach dem Spiel Protest ein, doch ihr Abstieg bleibt besiegelt. Fortuna kehrt nach 15 Jahren in die Bundesliga zurück.

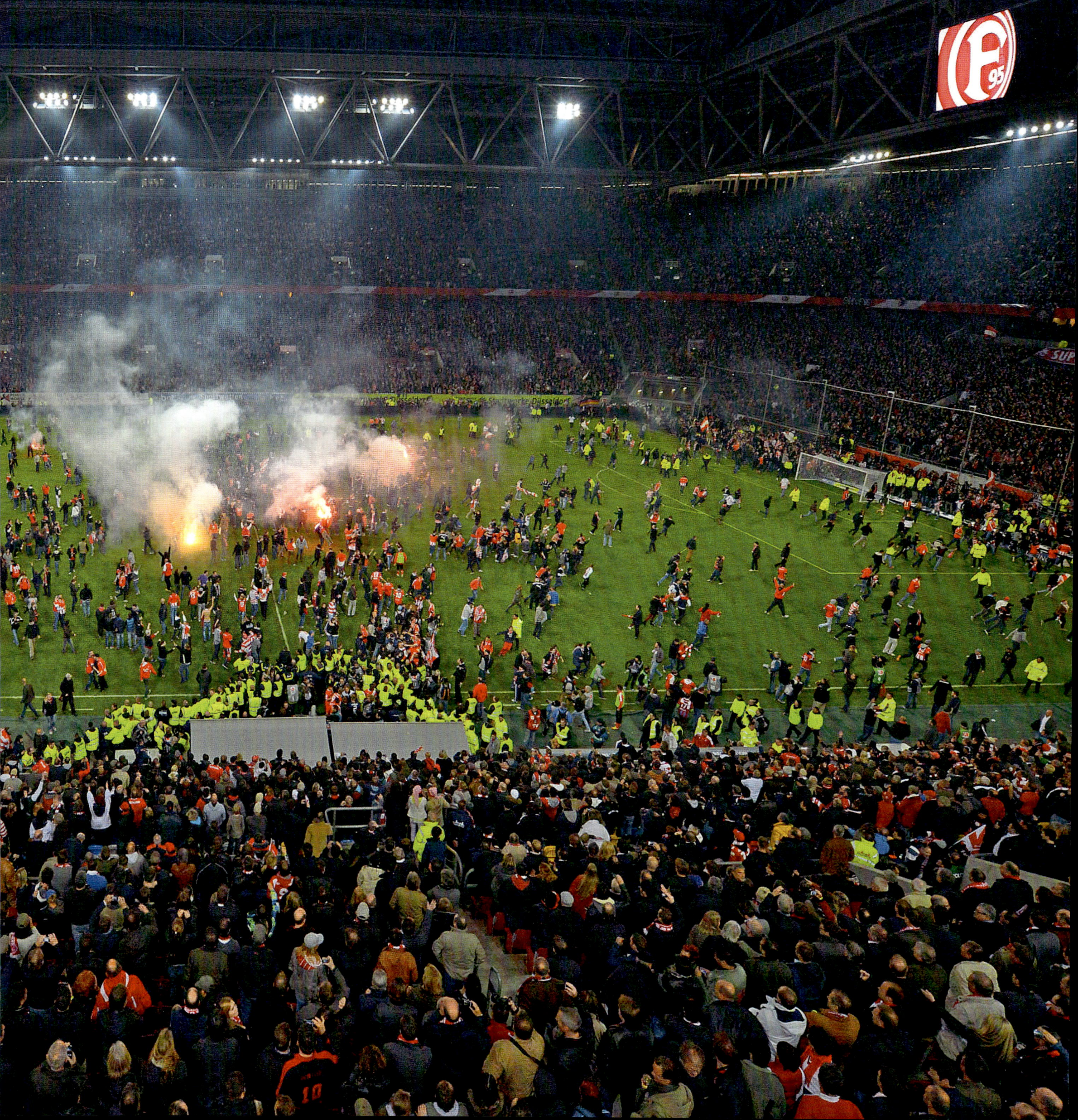

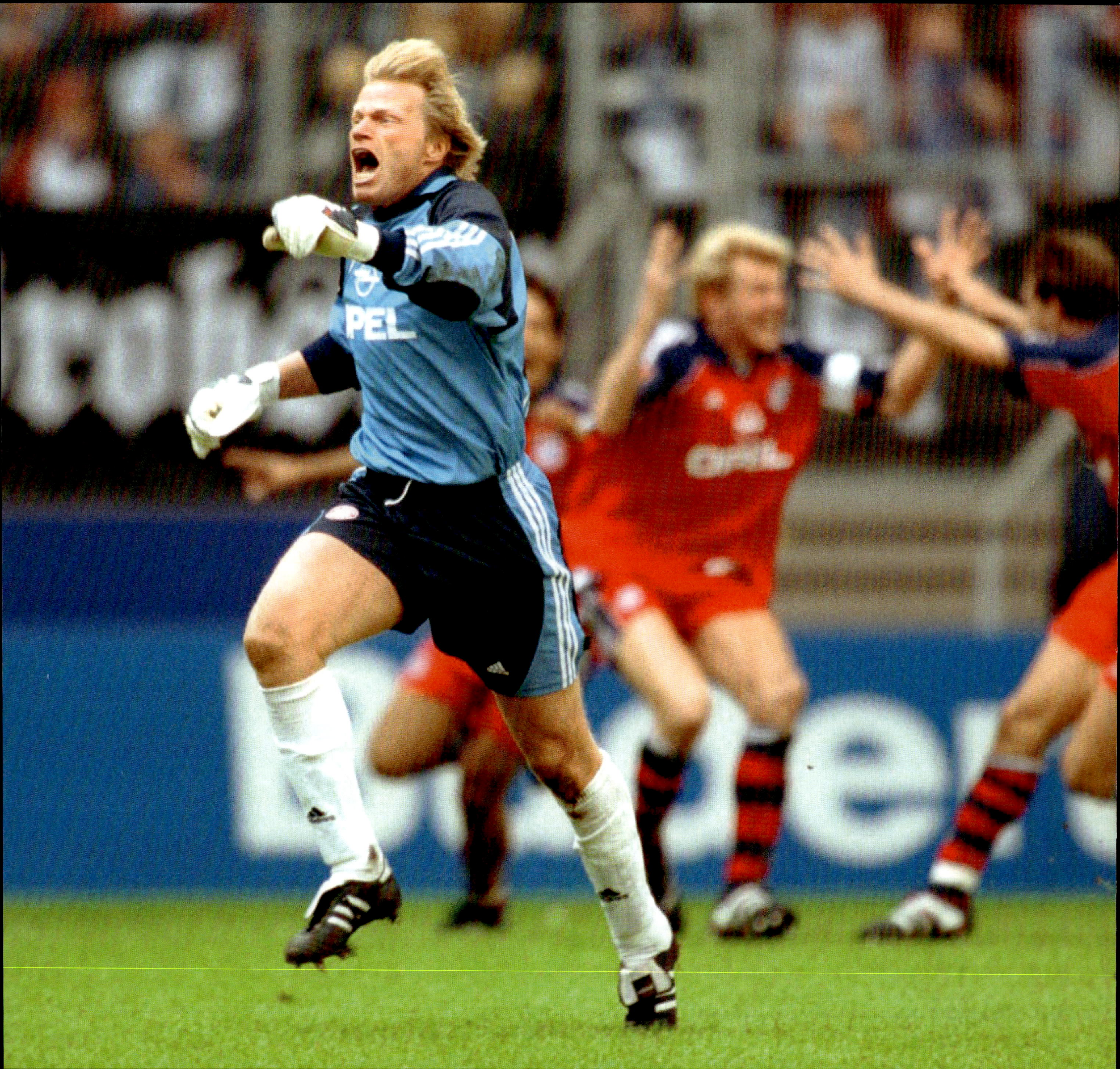
PEL

Saison 2000/2001

MÜNCHNER IM HIMMEL
Auf Schalke starrt das ganze Parkstadion wie in Schockstarre auf die Videoleinwand und erkennt: Das Spiel in Hamburg läuft noch. Schiedsrichter Markus Merk entscheidet gerade beim Stand von 1:0 für den HSV auf indirekten Freistoß im Strafraum für den FC Bayern. Um 17.20 Uhr und 56 Sekunden hämmert Patrik Andersson den Ball durch die Hamburger Mauer ins Netz: 1:1 – im letzten Moment entscheiden die Münchner das Meisterschaftsrennen 2000/2001 doch noch für sich. Nach dem Schlusspfiff sprintet Bayern-Keeper Oliver Kahn wie entrückt zur Eckfahne und reißt die Stange aus dem Rasen. Schalke-Manager Rudi Assauer ist derweil der Ohnmacht nahe: »Der Fußballgott, sollte es ihn geben, ist für mich gestorben, denn er ist ungerecht.«

»Ich muss heulen. Das ist zu brutal.«
HUUB STEVENS, TRAINER SCHALKE 04

Bildnachweis:

Firo	(Seiten 131, 200, 227, 234)
GES	(Seiten 198/199)
Getty Images	(Seiten 61, 64, 74/75, 82, 150/151, 192 (2), 228, 235, 236)
Horstmüller	(Seiten 12/13, 32, 39, 40, 42, 53, 56/57, 80/81, 84/85, 105, 107, 130, 141, 142, 159, 174, 210)
Imago	(Seiten 2, 9, 14, 16/17, 18/19, 20, 22/23, 25, 28/29, 30/31, 34/35, 43, 45, 50/51, 54/55, 58/59, 60, 65, 69, 71, 72/73, 77, 89, 94/95, 96/97, 99, 100/101, 103, 106, 109, 110/111, 112/113, 118/119, 120/121, 123, 124/125, 126/127, 128, 129, 134/135, 137, 138/139, 143, 154, 163, 164/165, 166, 167, 168, 169, 171, 172, 175, 177, 180/181, 187, 190, 191, 194, 197, 202, 203, 215, 217, 219, 223, 224)
Pfeil	(Seite 70)
Picture-Alliance	(Seiten 10/11, 24, 26/27, 33, 62/63, 66/67, 76, 83, 104, 114, 115, 132/133, 144/145, 146/147, 160/161, 182, 204/205, 207, 214, 225)
Rauchensteiner	(Seite 92)
Rzepka	(Seite 170)
Ullstein	(Seite 49)
Witters	(Seiten 46, 47, 79, 117, 153, 179, 184/185, 188/189, 193, 201, 211, 229)

Bibliografische Information der Deutschen Nationalbibliothek
Die Deutsche Nationalbibliothek verzeichnet diese Publikation
in der Deutschen Nationalbibliografie; detaillierte bibliografische
Daten sind im Internet über http://dnb.d-nb.de abrufbar.

1. Auflage
ISBN 978-3-7688-3529-9
© by Delius, Klasing & Co. KG, Bielefeld

Idee und Konzept: Tim Jürgens | Thomas Lötz
Text: Tim Jürgens
Projektleitung: Edwin Baaske
Lektorat: Thomas Lötz
Bildredaktion: Reinaldo Coddou H.
Gestaltung: Jörg Weusthoff, Weusthoff Noël, Hamburg
Reproduktionen: Repromayer, Reutlingen
Druck und Bucheinband: Firmengruppe Appl,
aprinta Druck, Wemding
Printed in Germany 2012

Alle Rechte vorbehalten! Ohne ausdrückliche Erlaubnis
des Verlages darf das Werk weder komplett noch teilweise
reproduziert, übertragen oder kopiert werden, wie z. B.
manuell oder mithilfe elektronischer und mechanischer
Systeme inklusive Fotokopieren, Bandaufzeichnung und
Datenspeicherung.

Delius Klasing Verlag, Siekerwall 21, D - 33602 Bielefeld
Tel.: 0521/559-0, Fax: 0521/559-115
E-Mail: info@delius-klasing.de
www.delius-klasing.de

1963
1964
1965
1966
1967
1968
1969
1970
1971
1972
1973
1974
1975
1976
1977
1978
1979
1980
1981
1982
1983
1984
1985
1986
1987

1988
1989
1990
1991
1992
1993
1994
1995
1996
1997
1998
1999
2000
2001
2002
2003
2004
2005
2006
2007
2008
2009
2010
2011
2012
2013